教孩子說話 從零歲起

潘穎文 著

新雅文化事業有限公司
www.sunya.com.hk

　　我很高興為作者的第二本著作寫序。作者是我在大學時代一個很重要的人，因為她跟我一起跟隨同一位論文導師。說真的，我並不覺得她在求學時代特別「厲害」。我當時想，也許是她深藏不露，也許她是那種為了別人才會變得強大的人。直至她成為了一位全職言語治療師，她便漸漸厲害起來；生孩子之後，她的「厲害」才完全顯現出來。

　　作者是一個善良的人。她寫這本書的其中一個目的，是希望以「過來人」的身分，分享一些家長能應用的方法，來幫助孩子發展語言。她說：「很多家長在教養孩子時都很迷惘。就算她自己擁有言語治療方面的專業，亦會經常懷疑自己。」因此，她希望分享一些在選擇語言啟導方法的心得，通過本書說明她在挑選各種方法的思考過程，呈現各種方法的利弊，讓家長更有信心去選擇。

　　作者是一個專業的人。她對言語治療及語言發展方面很認真，在求學時代特別關注兒童語言發展的範疇。成為言語治療師之後，她更認真實踐所學，每天累積經驗。有人說，年資等於經驗。我不認同。沒有經過「腦力」的事情不可能成為經驗。只有認真、反覆思量每一個個案及每一個情況才會產生經驗。我相信，讀者看完本書，必定會認同作者是這麼一個專業、認真的人。

作者是一個明白事理的人。雖然有言語治療師的名銜，但是作者選擇以一位母親的角度去分析及解決天下父母所面對的困惑。每一位父母每天遇到的事、要解決的事實在太多了。作者以第一身的角色處理一切父母會遇到的困難。因為作者善於反思，她不知不覺地建立了一套處理困難及優化教養的法則。

　　我認為作者「厲害」，並不是因為她能夠在養育兩個孩子及照顧一個家庭的情況下，處理全職言語治療師的工作，更完成兩本著作。她的厲害，是因為她是一個善良、專業及明白事理的人。這本書令我很感動，希望各位父母在學習各種教養方法時，更領悟到作者的心意。

羅頌華　博士
香港大學言語治療博士

　　這是我出版的第二本書。我不但是以言語治療師的身分來寫，更是以媽媽的身分來寫，更同時以媽媽的角度來寫。

　　還記得初出茅廬時，我是如何的膚淺。那時，如果有父母未能抽時間為有言語溝通障礙的孩子進行訓練，我就會認為那些父母沒有盡力。直至我的第一個孩子出生後，我才體會到原來要應付每天的流程，已是十分不容易了，處理孩子的日常瑣事已佔據了我整個心思，讓我連吃也忘記了。就是因為我體會到為人父母的辛勞，我更希望父母能掌握在日常生活中培養孩子說話的技巧，減輕教養上的壓力。我感受到父母對孩子的影響，是源於一點一滴的相處之上，而不是在「額外的訓練時間上」。我誠心地盼望父母能在一言一行中實施書中的技巧，讓孩子在不經意的孕育下成長。

　　自從當了媽媽後，我發現別人很容易會把孩子的成敗歸功／歸咎於父母身上。這些壓力，加上自己對孩子的期望，也曾使一向和善的我對着孩子咆哮，然後又讓我陷入內疚與自責中。我很希望告訴父母，任何父母難免有失手的時候，即使我也不例外。其實孩子的成長，父母只能盡力地培育，但不能控制結果。正如語言發展一樣，父母給孩子良好的語言環境和支持，讓孩子可以勇敢和有效地表達便已足夠。至於最終的成果，也得依靠孩子的努力。但是，願意努力的父母，已是最好的父母。

在此，我非常感謝新雅文化事業有限公司，願意出版這本書，並給我提供了很多寶貴的意見，讓我有機會和更有效地與父母分享我的經驗和專業知識。謝謝我的碩士同學 Stella 蔡惠雲，介紹我予新雅認識，讓我有機會出版兩本著作。謝謝我的大學同學羅頌華博士，自同窗生涯開始就給我很多的支持，更在百忙之中抽時間為我寫序。謝謝我工作的單位救世軍天鑰家庭及兒童發展中心，給予我在工餘時間寫作的自由，及日常工作上的信任和鼓勵，讓我有機會累積經驗和嘗試不同的訓練方法。謝謝我先生和我的家人，他們不但幫忙照顧孩子，更對我在工作上及為孩子付出的努力上予以肯定和鼓勵。最後，謝謝我在工作上接觸的每一位孩子、每一位家長、每一位老師和每一位工作伙伴，他們讓我能不斷地學習，我才能成為了今天的我。

　　雖然，我要在半夜離開被窩寫作，孩子的哭鬧聲也無數次中斷了我的工作，但我沒有感到疲累或氣餒。在寫作的過程中，我體會到無論是寫作或是為人父母，都要抱着愚公移山的精神。每天一小步的努力，始終會看到成果的。如果父母能從這本書中找到培育孩子的方法和力量，那我就會感到很安慰。

潘穎文

目錄

第一章 語前階段——初生至九個月

第二章 單詞階段——九個月至一歲半

認識孩子的語言發展里程

各位父母，你了解孩子的語言發展里程嗎？下表列出孩子在語言發展方面的主要里程，讓你針對這些特徵，掌握相關的教養重點。

◎ 語前階段：初生至九個月的語言發展里程

語言理解能力	語言表達能力	教養重點
3至6個月 • 尋找聲音的來源 **6至9個月** • 對自己的名字作出反應 **9個月** • 對「不」作出反應 • 憑着對環境的理解，理解指示和物件的名稱	**0至6周** • 能以哭聲表達 **6周至4個月** • 發出聲音自娛，如：母音「呀」、「柯」 **4至6個月** • 發出聲音，如：「爸」、「媽」 **6個月** • 發出一連串重複的聲音，如：「爸爸爸爸爸」、「媽媽媽媽媽」 **6至12個月** • 模仿成人的動作和發音 **9個月** • 開始發出具有高低音調的連串聲音，如：「爸b多嘟」 • 運用動作表達，如：「拜拜」、「俾」	• 父母與孩子的話題，宜圍繞眼前的事物 • 用簡單的語句與孩子溝通 • 多與孩子玩模仿、輪流的簡單遊戲，如推車或推球 • 面對面與孩子說話，與孩子深情地交流 • 多以動作、表情或誇張的語言與孩子溝通 • 對孩子任何形式的表達，均快速地回應 • 讓孩子接觸圖書，如：布書、厚紙板書

◎ 單詞階段：九個月至一歲半的語言發展里程

語言理解能力	語言表達能力	教養重點
1歲 • 理解常見物件、動作和人物的名稱 • 開始減少對環境的依賴去跟從簡單指示，如：「食餅」、「擺好佢」	**9個月至1歲** • 能運用連串具有高低音調的聲音 **1歲** • 說出第一個有意思的單詞 **1歲半** • 組合詞語表達，如：「爸爸食」、「去公園」 • 出現「詞語爆發」，能以比以前快的速度習得詞語	• 父母與孩子的話題，宜圍繞眼前的事物 • 用簡單的語句及豐富的詞彙與孩子溝通 • 多以描述的話語與孩子傾談，避免提問過多的問題 • 在不同情景下，重複地運用某個單詞，加強孩子對詞語的認識 • 與孩子玩能作互動溝通的玩具 • 接納孩子任何形式的恰當表達，並給予語言示範 • 為孩子的說話，賦予意思或作出翻譯 • 利用兒歌培養孩子的說話能力

◎ 句子階段：一歲半至三歲的語言發展里程

語言理解能力	語言表達能力	教養重點
1 歲半至 2 歲 • 理解兩項資料的簡易指令，如：「去衣櫃攞襪」 **2 歲至 2 歲半** • 明白簡單問題，如：「這是什麼？」、「有沒有蘋果？」 **2 歲半** • 明白形容詞，如：「大 / 小」、「乾淨 / 污糟」	**2 歲** • 開始運用三個詞語組合的完整句子，如：「媽媽開門」、「去公園玩」 **2 歲半** • 開始發問，提出「什麼？」、「誰？」、「哪裏？」等問題 • 開始說出四個詞語組合的句子，如：「我俾蘋果爸爸」	• 父母與孩子的話題，大部分圍繞眼前的事物 • 逐漸提問孩子簡單的問題，並可同時為孩子提供答案 • 多請孩子協助日常小差事，加強聆聽簡單指示 • 持續地以豐富的詞彙與孩子溝通 • 不用刻意糾正孩子的錯誤發音，以傳情達意為溝通目標 • 製造難題，讓孩子發問尋求協助 • 擴張或擴展孩子的話語

◎ 複句階段：三歲至六歲的語言發展里程

語言理解能力	語言表達能力	教養重點
3歲 • 理解三項資料的指令，如：「去衣櫃攞襪同埋褲」 **3歲至4歲** • 明白「為什麼」的問題，如：「為什麼要吃飯？」 **3歲半至4歲** • 明白類別的名稱，如：水果、動物、玩具 **4歲至4歲半** • 明白情景式的「何時」問題，如：「何時要穿校服？」 **4歲半至5歲** • 明白基本情緒詞彙，如：「開心」、「傷心」、「驚」、「生氣」 • 明白「怎麼辦」的問題 **5至6歲** • 明白笑話和相反詞 • 推理前因後果	**3歲** • 開始發問，提出「為什麼」、「如何」等問題 • 能靈活地發問不同的問題 **3歲至3歲半** • 運用代名詞「我」和「你」 **3歲半** • 能運用句子連接意思，如：「同埋」、「但係」、「因為」等 **4歲** • 能運用多種不同的複句，如「因為……所以……」、「如果……就……」 **4歲至5歲** • 發音能力與成人相近 **5歲** • 能複述基本的故事或簡單敍述事件 **5至6歲** • 掌握成人的句式 **6歲** • 能創作基本的故事	• 話題由眼前事物，逐步伸延至過去或將會發生的事 • 讓孩子協助把物件分類和收拾 • 多問孩子「為什麼」和「為何」等問題，讓孩子多思考 • 引導孩子多說自己的感受 • 鼓勵孩子多運用完整及長句子表達 • 多與孩子分享生活中的事件，也可就此多討論事件的前因後果 • 與孩子多玩語文遊戲，如：「相反詞/同義詞」

備注：
每個孩子的語言發展速度均有差異，例如：男孩在語言發展上可能比女孩稍慢，但差異須於合理水平內。
若家長對孩子的語言發展有疑問，可諮詢言語治療師的意見。

第一章 ♡

語前階段——
初生至九個月

　　出生至九個月為孩子的「語前階段」。孩子在這階段
雖未懂得以單詞表達，但已逐漸展示與人溝通的意向和技
巧。孩子在出生後六周起開始發出聲音，至六個月時便能
運用一連串重複的發聲，並開始模仿成人的聲音和動作。
在這階段，父母要協助孩子建立與人互動的興趣和能力，
包括即時回應孩子任何方式的表達、與孩子對望傳達愛
意、玩簡單的互動遊戲，以母乳親餵孩子，讓孩子在過程
中學習發聲、模仿、輪流溝通及促進口腔機能的發展。這
時，父母也可讓孩子開始接觸書本。

早期照顧者對孩子的語言發展有什麼影響？

　　還記得當我和先生知道要當爸媽時，我們商議的第一個問題是：「讓誰來帶孩子？」因為，這不但影響整個家庭的運作，更對孩子未來的發展影響深遠。

　　孩子要對人有信任，才會感到快樂；孩子能與人相處，才能立足於社會。這些都需要有穩定的情感連結與良好的語言能力。根據約翰・鮑比 (John Bowlby) 的依附理論，孩子初生的首一年，會對重複接觸的一個人或物件，產生出情感連結，正面的經驗能建立起孩子對人的信任和安全感。此外，**照顧者運用的語言，會直接影響孩子的語言發展，特別是在語言文法和詞彙上。**

　　我和先生都熱愛自己的工作，加上全職照顧孩子的壓力太大了，因此我們沒有考慮由其中一方辭職來帶孩子。我們也不考慮由外傭主力帶孩子，主要原因是大部分外傭為了儘快完成工作，都傾向滿足孩子的要求，或在孩子未開口説話時已替其完成差事，這樣會令孩子失去很多溝通表達和探索事物的機會。加上大部分外傭並不精通於孩子的母語，這樣會使孩子較少機會接觸到良好的母語示範。

◎ 長輩有照顧孩子的經驗，又疼孩子，是我們可信賴的人。

　　我們曾考慮把孩子交由長輩照顧，因為他們一定會疼自己的孫子，也願意花時間教育孩子。可是，我們的父母辛苦勞碌了大半輩子，現在該是他們享受人生的黃金歲月。再加上他們年紀漸大，如要全力照顧孩子，將會是一件非常吃力的事。所以，我們認為長輩只能在照顧孩子這件事上當上輔助的角色。

　　最後，我們選擇了把孩子交由育嬰園照顧。這決定震撼了身邊不少人，他們均認為孩子在育嬰園裏會得不到足夠的照顧。其實，在育嬰園照顧孩子的都是老師，他們不但受過幼兒教育的專業訓練，而且擁有專業的育兒知識和照顧孩子的經驗。**育嬰園的老師會編排不同的認知、體能、語言、社交等活動，予不同月齡的孩子。孩子也能在育嬰園中，與其他小朋友互動。**在這個安排下，長輩在黃昏時替我們接回孩子，待我們下班後親自帶孩子。雖然，孩子在育嬰園中會較易生病，而且家中也

沒有外傭替我們完成家務，然而我們從來沒有後悔讓兩個孩子先後在育嬰園長大。

或許，不少父母會苦惱，倘若把孩子交由不同的人照顧，會否令孩子沒有固定的照顧者，而無法建立依附關係呢？其實，只要孩子的身體需要和情感需要被穩定地滿足，他就能建立起對人的信任和安全感。孩子需要的不是穩定的「一個人」，而是他的需要被穩定地回應。當孩子在同一時期交由多個人共同照顧，也就像「alloparenting*」的方式，這樣可以讓孩子的思想更具包容性，易於接受不同的事物和人物。

當了媽媽之後，我才發現每一個帶孩子的方式都有取捨，我們只能選擇最適合自己的方式。

* 「Alloparenting」存在於人類的不同種族與動物界中，意思是由一些與孩子未必有血緣關係的成人同時為孩子提供類似父母方式的照顧。這是一個非常常見的育兒方式，甚至可包括老師對孩子的照顧或祖父母對孫兒的照顧。

實用資料

社會福利署：日間幼兒中心名單

http://www.swd.gov.hk/tc/index/site_pubsvc/page_family/sub_listofserv/id_childcares/

1.2　雙語環境會影響孩子的語言發展嗎？

近幾年，在我接觸的孩子中，多了只能以英語回應廣東話提問的情況。例如：我問孩子「這是什麼？」，孩子答「car」；我問「這是什麼顏色？」，孩子答「red」。這些孩子因為經常接觸到英語影片，所以學會了當中的詞彙。父母問我：「雙語環境會影響孩子的語言發展嗎？」然而，這是真正的雙語環境嗎？

現時並沒有證據顯示，真正的雙語環境會導致或加劇言語溝通障礙。真正的雙語環境可以分成兩種：同時性雙語和接續性雙語。

1. 同時性雙語

同時性雙語指孩子在兩歲前同時開始接觸兩種語言，直至語言發展的後期。例如：孩子的父親是英國人，母親是香港人。父親以英語與孩子溝通，母親則以廣東話與孩子溝通。又例如：孩子自出生起在自己的家中以全英語溝通，在照顧者的家中以全廣東話溝通。

2. 接續性雙語

接續性雙語指孩子在兩歲前先接觸一種語言，再在年長一些時接觸另一種語言。例如：孩子先跟家人學廣東話，但在兩歲時移民往英國時才開始接觸英語。

對於學習能力正常的孩子，雙語環境不但沒有阻礙他們的語言發展，更能加強分析能力和擴充詞彙量。孩子儘早接觸一種語言，在語音發展上確實佔有優勢。現時，香港中文大學推行的嬰兒手語計劃也本着這個理念，鼓勵孩子學習嬰兒手語，以口語和嬰兒手語營造雙語學習的環境，從而促進嬰幼兒的語言發展。我家女兒便是這計劃下的其中一個受惠者。有關嬰兒手語的好處，我會在篇章 1.7 中詳談。

既然雙語環境對孩子的語言發展有好處，那麼是不是每個孩子都應該學習雙語甚至是多種語言呢？從我的角度看，這還得看那是不是一個自然的語言學習環境。孩子在自然的雙語環

境下，例如：父親只能以英語流暢地溝通，母親只能以廣東話流暢地溝通。孩子分別以這兩種語言與父母溝通，這對孩子來說是明確的，且具有實際需要。凡是自然的溝通情景，都是孩子學習語言的最好環境。然而，有父母為了營造雙語環境，放棄了自己的母語，改用自己理想中的語言與孩子溝通。若是此情況，父母最好先考慮自己的語言能力，長遠來說是否能為孩子營造一個自然和豐富的語言環境，給予良好的語言示範，並能與孩子作深入的情感交流。所以，父母應否運用自己母語以外的語言與孩子溝通，還得看自己對該語言的熟練程度。

倘若父母只是提供影片讓孩子學習外語，這孩子可能會學到當中的詞彙和語言文法，但未必能與人真正地溝通。最理想的雙語學習，是孩子不但能流利地說兩種語言，還能因應別人的需要調整自己運用的語言和說話方式。

孩子是否有需要學習雙語，並沒有一個絕對的答案，最重要的是孩子能否在自然的情景下有足夠的溝通機會和學習對象。

1.3 母乳餵哺對孩子的語言發展有什麼好處？

在一次報章訪問中，記者問我為何在困難重重的情況下，仍然堅持為兩個孩子餵哺了共四年多的母乳，還參加了「母愛蜜語」計劃，以媽媽的身分幫助其他媽媽。當時我這樣回應：配方奶粉缺乏母乳中的營養和抗體，也不能建立母嬰間的情感連結，而且我也深信親餵母乳對孩子的口腔機能發展有正面的影響。世界上只有母親才能給予孩子這一份珍貴的禮物呢！

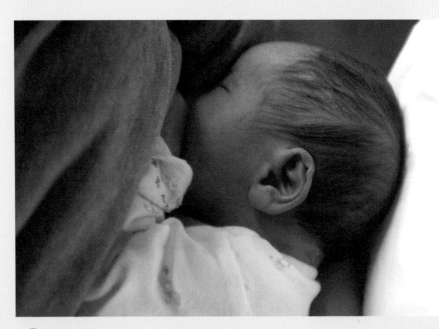

◎ 親餵母乳能促進孩子的口腔機能發展。

　　孩子自胎兒時期，口腔機能持續發展，直至出生後約三十六個月，他們的口腔機能才初步成熟，開始可處理不同質感的食物。至於發音方面，孩子需要更精準地協調各口腔結構，加上對發音的認識，才可準確地發音。**孩子有良好的口腔機能，就可以為表達複雜的語言信息提供了堅實的基礎。**口腔結構包括嘴唇、舌頭、牙齒、顎部、硬顎和軟顎，口腔結構的形態和活動能力會影響口腔機能。孩子從母親的乳房中吸啜母乳，能促進口腔結構的發育和功能發展，例如：嘴唇緊合能力、舌頭與下巴互相協調、吸啜與吞嚥和呼吸協調等。雖然，現今的科技可以造出不同形態的奶嘴，這些奶嘴都標榜模擬真實的吸啜來設計，但是無論是奶嘴的形態或質感，仍是不能做到與母親乳頭完全相同，更自然不能與吸啜乳房相提並論。

　　雖然，目前仍未有研究可以完全肯定母乳餵哺能促進語言發展及預防語言障礙，但也不乏這方面的研究支持。有研究指出（請參閱文末的參考資料），孩子在母親的乳房中吸啜母乳，是初生時期口腔肌肉學習正確運作的唯一方法，也就影響着孩子口腔機能的發展。另一方面，過早停止親餵母乳而改用人工奶嘴餵養孩子，有可能影響口腔各部分的正常形態發展，以及阻礙正常口腔機能的發展，增加了牙齒咬合不良的機會，因而影響說話和咀嚼。世界衛生組織建議孩子在出生的首半年該以

純母乳餵養，至六個月後才逐步添加固體食物，並持續以母乳餵養孩子至兩歲或以後，這是一個因應孩子發展而提出的重要指引。

當我看着活潑可愛、能説善道的兒子和女兒時，我深信母乳餵哺對此應記一功。雖然兒子初生時一天吃十多次母乳，在首三個月又因為餵母乳引致黃疸的問題而經常進出醫院覆診，當中的疲累與煎熬仍然歷歷在目，但可幸我成功過渡了為人母親的第一個挑戰。孩子讓我真切地感受到親餵母乳的好處，引起我在此方面多作研究的興趣，並立志要以言語治療師和媽媽的雙重身分積極地推廣親餵母乳，希望各位父母也能以母乳親餵孩子，也希望在語言發展與母乳餵哺方面有更多研究。

參考資料：

Huttenlocher, J., Waterfall, H., Vasilyeva, M., Vevea, J., & Hedges, L.V. (2010). Sources of variability in children's language growth. *Cognitive Psychology*. 61(4), 343-365.

Neiva, F. C. B., Cattoni, D. M., Ramos, J. L. A., & Issler, H. (2003). Early weaning: implications to oral motor development. *Jornal de Pediatria*. 79 (1), 7-12.

實用資料

附錄一：幼兒口腔機能發展里程及教養重點

1.4 怎樣鼓勵孩子學習發聲？

　　曾有一個兩歲多的孩子被媽媽帶來中心找我幫忙，這孩子非常乖巧可愛，在初次見面的一個多小時，他能安靜地玩，而且臉上常展露出快樂平和的笑容。從孩子的眼神和回應中，我看得出他明白我發出的簡單指示，然而在一個多小時的評估中，孩子沒有發出任何聲音。原來，這孩子自出生起一直由外傭照顧，父母幾乎每天都工作至孩子臨睡前才回家。而外傭恰巧是個非常沉靜的人，一天說不到十句話，也沒有與孩子一起玩。在這種情況下，孩子由於乏聆聽語言的機會，所以沒有發聲的表現。

　　原來，早在一歲前，即是說出第一個單詞前，孩子是透過練習發聲協調不同的口肌活動，並從運用發聲中得到別人的回應，加強溝通的動機，從中建立起用說話表達意思的概念。

　　要鼓勵孩子發聲，必須營造一個語言豐富的環境。因此，我建議那位媽媽請外婆每星期抽三天到家中與孩子玩。另外，父母也調動工作編排，好讓每人在每星期都能騰出一晚時間儘早回家跟孩子玩。媽媽更帶同外傭出席言語治療，好讓她也能學習與孩子溝通的技巧。

　　其次，在輕鬆的氣氛下，會較容易使孩子發聲。我鼓勵父母運用擬聲詞跟孩子說話，以吸引孩子的注意和模仿。因為大多數的孩子都對特殊的聲音感興趣，例如：當孩子看到小狗時，父母可以說「汪汪」。當孩子把杯子掉在地上時，父母可說「嘭嘭」。有時，我也會與孩子進行一些體能活動，如進行尋寶遊戲，因為孩子在走動後和感到高興時，會更願意發聲。

◎ 兒子於六個月大的時候，會發出「爸爸爸爸爸」的聲音。

　　此外，父母可以跟孩子玩一些發聲遊戲，如「打哇哇」，當成人説出「哇」時，同時用手拍拍嘴，改變「哇」的聲音。父母也可端上熱騰騰的食物，請孩子吹涼食物，學習發出「呼呼」的聲音。父母也可以在樂器店買一個稱為「卡祖笛(Kazoo)」的樂器，誘導孩子發出聲音以吹動樂器。

　　在這階段，父母要有耐性和恆心。有些父母表示已跟孩子進行了以上的活動，但仍未看到孩子有明顯的進步。其實，要讓孩子説話或發聲，父母要先讓孩子聆聽無數次該些聲音，孩子才能發聲，因為要發聲始終比要明白聲音的意思困難。孩子每一次聆聽聲音，就好像在錢箱裏存下一枚金幣，如果持之以恆，終有一天，錢箱會被存滿，父母就會看見成效。

　　最後一點，這點也是最重要的：父母不要強迫孩子模仿發聲，或要求孩子必須要發聲，父母才滿足其要求。孩子對溝通越是有興趣，就越願意發聲。家長可以給予大量的示範，如孩子沒有興趣，家長可抱着「下次再來」的信心和心理準備，要相信孩子始終會做得到的。

　　本個案之中的可愛孩子，在父母決心實行以上方法的一個多月後，他已能明顯地發出較多不同的聲音，也願意用發聲提出要求和分享自己的興趣了！

 1.5 模仿能力對學習説話的重要性

在從事言語治療師這十幾年間,我最常被問到的其中一個問題是:「我的孩子何時才懂得説第一個單詞(第一個固定的有意義的聲音組合以代表某個意思)?」這時,我會問父母一個重要的問題:「你的孩子會模仿別人的動作和聲音嗎?」為什麼我會問這個問題呢?

模仿可説是一種與生俱來的能力,也是人類適應世界的一種本能。試想想,當我們來到一個陌生的地方,我們不知道這裏的禮儀規矩,聽不懂別人的話,我們就會觀察和學習身邊的人的行為,這使我們感到安全,也讓我們能融入羣體之中。**孩子也一樣,他們會模仿成人的語言和行為,以適應這個世界。**孩子在早期模仿能力上的發展大致可以分為四個階段:

第一階段

孩子跟隨別人做出一些自己本來已懂的動作,如:孩子平日已能拍手,當成人拍手時,孩子也跟着拍手。

第二階段

孩子模仿成人做出一些新的動作,如:當成人拿起螺絲批修理椅子時,孩子也跟着拿起螺絲批模仿成人的動作。在此之前,孩子還沒用過螺絲批。

第三階段

孩子跟隨成人發出一些他本來已懂得發出的聲音，如：孩子本來已能發出「爸爸」的聲音，當成人説出「爸爸」時，孩子也跟着説「爸爸」。

第四階段

孩子模仿成人發出一些自己未懂發出的聲音。

當孩子發展至第四階段時，孩子的模仿能力才逐漸成熟。假如孩子仍未能模仿成人的動作，那麼距離他説出第一個單詞的時間可能還遠呢！父母不妨運用以下的方法鼓勵孩子模仿：

- 確定孩子的模仿能力在哪一個階段。如孩子仍未能模仿動作，父母可先鼓勵孩子模仿動作。如孩子已能模仿動作但未能模仿聲音，父母可多鼓勵孩子模仿聲音。

- 父母以有趣的方式，吸引孩子模仿。如播出輕快的音樂或歌曲，再隨着樂章和旋律做出孩子平日已能做到的動作，鼓勵孩子跟隨。

- 多預備兩件相同的物件，如兩個相同的盒子，或兩輛相同的玩具車。當孩子把玩其中一輛玩具車並做出不同的動作時，父母可用另一輛玩具車模仿孩子的動作。有時，孩子會反過來模仿父母的動作呢。

- 讓孩子探索新物件，在過程中，如孩子表現出興趣，父母可示範用物件做一些動作，吸引孩子跟隨。

- 在孩子要求物件時，父母可把物件放近自己的口部，並同時說出物件的名稱或與物件相關的聲音，吸引孩子留意父母的嘴形並模仿說話。

- 在日常溝通時，父母可減少問孩子問題，並運用簡單清晰的語句來描述物件，如：「狗狗呀！有狗狗。」吸引孩子模仿父母說話。

我們需要謹記，鼓勵孩子模仿並不是要求孩子模仿。如果父母不停地說：「講！跟我講。」孩子就會感受到溝通的壓力，也就更難開口說話了。

◎ 兒子於六個月大的時候，模仿「請請」的動作。

1.6 怎樣透過互動遊戲讓孩子學習輪流作轉？

有一次，我去探望一位同學的寶寶。當時寶寶剛過一百天，作息和餵食也漸上軌道，同學説她現時才能享受當媽媽的樂趣。同學抱着兒子，與兒子深情對望。寶寶發出聲音，同學會即時回應他，寶寶也因着媽媽的回應展現微笑。

這位同學與她孩子的互動，其實就是孩子人生中最早期與人的「對話」。這讓我想起了「輪流」與溝通發展這個課題。「輪流」是孩子在説出單字前的一個重要技巧，跟學習模仿和發聲同樣重要。因為，孩子學懂了輪流，才能發展對話。孩子在一來一往的溝通中學習觀察別人的表情和反應，在適當時機延續對話或開展溝通，也期待對方回應自己的話語。在這個階段，父母有幾點可以注意：

1. 父母要專注地與孩子溝通

父母要暫時放下正忙着的事情，面對面地跟孩子交流。這樣，父母才能與孩子有眼神互動，孩子也更容易明白父母眼神和表情的意思。孩子會明白有一個溝通機會正等候他，並知道要開展或接續溝通。此外，孩子也能在父母的專注中得到被愛與尊重。

2. 父母可先讓孩子學習接續溝通

在輪流作轉的過程中，接續別人的互動比開展互動更為容易。父母可以多引起溝通，即對孩子說話並等待和望着孩子，引導孩子以自己的方式回應父母。當孩子掌握了接續溝通後，父母可多抱起孩子，深情地看着孩子，等待孩子主動地引起溝通。

3. 父母對孩子的任何溝通均要作出回應

父母要回應孩子，這樣孩子就會明白自己的溝通能引起別人的反應，孩子自然就更主動地與人溝通了。

此外，父母也可進行以下活動，協助孩子發展輪流技巧：

- **父母與孩子玩推車子遊戲。** 父母把玩具車推給孩子。當孩子接到玩具車後，父母協助孩子把玩具車推回給自己。如有需要，父母可多加入一人於活動中協助孩子推回玩具車。如孩子對玩具車沒有興趣，父母也可利用其他玩具代替，如：小球。

- **父母多與孩子玩一人一次的遊戲。**如：父母先把積木投進積木箱中，再把積木箱交給孩子，引導孩子把積木投進積木箱中。當孩子放好積木後，父母可示範搖動箱子，發出聲音以增加樂趣。

在以上的過程中，倘若孩子表現出困難，父母可先讓孩子接續互動，即集中學習接玩具車或把積木投進積木箱中。待孩子熟習接續互動後，父母才引導孩子開展互動，即是把車子推回給父母或把積木箱交給父母投入積木。

父母與孩子輪流互動，最重要的是彼此都感到快樂，這樣大家才能享受互動的樂趣。或許，父母會發現，孩子不會為重複的互動感到沉悶，還會為能與父母共同遊戲而感到快樂。很多時，孩子不在乎活動是什麼，他們在意的是父母是否投入地與他們一起玩耍！

 女兒於兩個多月的時候，與我們以眼神和笑容交流。

 1.7 為什麼要先讓孩子學習用手勢表達而不直接學習説話？

　　還記得幾年前遇過一位媽媽，她三歲的孩子仍未懂得説話。媽媽不明白為何言語治療師要花時間教孩子用手勢表達而不直接教孩子説話。因此，媽媽在三個月內轉換了三位言語治療師。這位媽媽的疑問，代表着很多媽媽對語前能力的不理解。

　　孩子能以説話表達，需要建基於多項不同的能力上，是認知與語言發展的共同成果。這些需要在説話前發展的能力，我們稱之為語前能力 (pre-verbal skills)。孩子在學會運用單字前，早就能與人溝通了。除了我在篇章 1.5 中提及的模仿能力外，言語治療師相當重視的另一種能力，就是孩子運用手勢或身體語言表達的能力。孩子在説話以前，就能用手勢跟人溝通了。例如，當孩子看見一朵美麗的花時，孩子會指向花朵，示意父母一起看花。孩子運用手勢的能力和所運用的手勢，甚至會跟隨着語言而發展。例如：當孩子未懂説話前，會張開手要求物件。當孩子開始懂得説話後，就會在説話時以手勢比劃出物件或以手勢伴隨説話，加強説話的語氣。

　　孩子未能以手勢表達，這可能是孩子的溝通動機弱，或是孩子未意識到手勢也是傳情達意的一種符號，就像語言一樣。

運用手勢表達比運用說話表達來得容易，因此家長可先引導孩子掌握以手勢表達作為學習溝通的基礎。此外，引導孩子以手勢表達還可以避免孩子因為不懂得表達，產生行為和情緒問題。在孩子運用手勢表達的時候，父母可輔以說話作旁白，如當孩子張開手要求吃小食時，家長可以說出「俾」，孩子就會逐步連結已掌握的手勢和新詞彙的意思。

以下是一些提升孩子以手勢表達的方法：

- 父母展示一些孩子有興趣的食物或物件，並放在孩子看得到但觸不到的地方，如房間的高處。當孩子表現對這些物件有興趣時，父母可以示範張開手要求物件，引導孩子以相似的動作提出要求。

- 父母在日常說話時，有時可輔以手勢，讓孩子學習模仿手勢並提出要求。父母甚至可多參閱嬰兒手語的資料，在說話時同時打出手語，那麼孩子便可同時學習該詞彙的口語和手語。有時，孩子在未能運用口語表達時，就已能運用嬰兒手語了。我的女兒也幸運地在育嬰園中接受了嬰兒手語的訓練，因此在未懂得說話前，有時就可以嬰兒手語簡單地表達自己。

- 當孩子需要選擇物件時，父母可引導孩子指向所選擇的物件。如父母同時展示兩個不同的食物，父母可引導孩子指

向想吃的食物來表達自己的意願。

　　或許，有父母會問，倘若孩子習慣了以手勢表達，他還願意說話嗎？其實，孩子運用手勢不但不會影響說話能力，還能增加孩子主動表達的意願和成就感，因而更願意與人溝通。況且，溝通講求的是傳情達意，方法反倒是其次。

◎ 我引導九個月大的兒子張開手示意想要玩具。

實用資料

香港中文大學：網上手語輔助閱讀系統
——嬰兒手語

http://www.cslds.org/library/main.php?bookID=ROOT

1.8　這麼小的孩子需要看書嗎？

　　有一次，我帶一歲半的女兒參加朋友的婚禮。席間，我拿出書本讓女兒解悶，女兒熟練地翻起書來，看得津津有味。朋友驚訝地說，她的兒子從不愛看書，而且她認為孩子年紀太小，與孩子看書是一件很難辦到的事。究竟，這麼小的孩子需要看書嗎？

◎ 兒子於九個月大的時候，會翻開小圖書看當中的圖片。

我對書本的態度是：越小接觸越好，並讓閱讀變成跟呼吸一樣自然的事。不過，在生下兒子後，我花了很多時間適應作為媽媽的生活，所以那時並沒有時間與心思跟孩子閱讀。然而，因為我在家中會閱讀，孩子也自然模仿我這個動作。當我看見孩子好像對閱讀有興趣時，我便跟孩子一起看書。現時兒子剛五歲，他幾乎每晚都會看書。在女兒出生後，因為我已熟習了處理孩子的起居生活，所以打從女兒兩三個月開始，我便跟她一起看書，她在半歲時，已可以自己翻開圖書。在引導這階段的孩子開始閱讀方面，我有以下的經驗：

1. 孩子需要時間愛上書本

這階段最重要的是培養孩子對書本的興趣，讓孩子認為看書是一件快樂的事。所以，父母應調節期望，要把這件事看得輕鬆一點，每天能看多少就看多少，不應要求孩子一定要看完一本書，也沒必要預設任何目標。父母也可多看自己有興趣的書本，甚至是雜誌也好，孩子看見父母看書看得津津有味，自然也會認為看書是一件快樂的事。

2. 大人要對玩具與書本有相同的重視

我的格言是「玩具的數量如何，書本的數量也必如何」。我會把書本放在家中的不同位置，孩子隨手可以拿到書本，自然也多了機會接觸書本。

3. 讓書本變成孩子的玩具

父母可以添置一些耐用易翻的圖書，讓孩子盡情地去玩和咬。這階段的孩子不懂得一頁一頁地翻開圖書，這是非常正常的。父母也可以選擇一些黑白圖畫或圖畫色彩較鮮明的圖書，來吸引孩子的注意。

4. 父母的角色是一個導賞員

父母要讓孩子引領整個閱讀過程，並按孩子目光的焦點進行旁白。父母只需要用簡單的話語，讓孩子更容易理解書上的內容。如：「有狗仔呀！」、「狗仔食」、「骨頭好好味」。在這階段，父母不需要提問孩子，孩子或許未能回應你的描述，這是非常正常的。只要孩子仍對手上的書本有興趣，父母便可以繼續當旁白。父母也不要抗拒孩子看同一本書，因為父母不是在照本宣科，所以在每一次的閱讀中，孩子經歷的是不同的閱讀旅程，每次均會有新的發現。孩子重複地看同一本書，也讓他們有安全感和親切感。事實上，重複閱讀有助孩子明白書本的內容。

在往後的篇章中，我會跟大家分享一些進階的伴讀技巧。

1.9 父母跟孩子説「BB 話」有害嗎？

　　早幾年，有一個奶粉廣告邀請了不同的專家發表一些育兒的見解。有一位專家表示，父母應從孩子出生起便跟孩子説完整的句子，不應該以「BB 話」與孩子溝通，才能協助孩子有效地發展語言。在我接觸的父母之中，不少都有着相同的見解。到底父母跟孩子説「BB 話」真的有害嗎？

嘩！車車開！

◎ 兒子於五個月大的時候，被我們誇
張的語調和生動的表情吸引着。

「BB 話」一般是指父母跟孩子說話時，會改變自己的說
話方式來吸引孩子，就像是簡化句子的長短、改變詞語的運用、
變化語調，也會加入生動的表情或動作。例如：父母會把「餅乾」
說成「餅餅」、把「小狗」說成「wow wow 狗」，或誇張地說
出「好好味呀！」。其實，如果父母可以掌握以下說「BB 話」
的原則和技巧，不但不會妨礙孩子的語言發展，還對提升孩子
的語言能力有很大的幫助。

1. 在合適的階段運用「BB 話」

當孩子的語言發展還在起步階段時，適當地簡化句子長
短、重複重要的詞語或以誇張的語調說話，的確能吸引孩子的
興趣，也讓孩子更容易留意到話語中傳遞的重要信息。例如：
當孩子只能明白和說出單字時，家長可以用單詞或兩個詞語組
合起來的方式與孩子溝通。然而，隨着孩子長大，父母要不斷
改變與孩子的說話方式。就像父母可以用「BB 話」與六個月的
孩子溝通，但未必會以「BB 話」與六歲的孩子溝通。

2. 適當地作出重複

父母可以不同形式，重複重要的詞語或概念。如：「蘋果好好味」、「有蘋果」、「食蘋果」。孩子多聽「蘋果」這詞語，就能明白「蘋果」的意思了。

3. 注意詞彙的運用盡可能不要偏離語文的原則

在運用「BB 話」時，父母盡量運用一些「大人式」的詞語，如切勿把「好味」説成「味味」，這樣孩子便很難把父母輸入的詞語應用至更高階的表達中。

4. 以豐富的表情配合説話

父母在描述某些形容詞時，如加上表情，就能吸引孩子的注意，孩子也就更易明白話語內容了。就像父母可以皺眉説「不開心」，孩子很多時也會被父母的表情吸引，進而更樂於聆聽父母説話。

在我教育兩個孩子的過程中，我沒有刻意地迴避説「BB 話」，反而很珍惜這個階段。因為，孩子長大得很快，不久後，你會發現，你已不需要説「BB 話」了。

1.10 為何父母在培養孩子溝通時要學習「等待」？

攝影時，攝影師會調校好光圈和快門，思考構圖，然後等候那一個呈現感覺的「magic moment」。其實，在與孩子的互動中，父母只需要等候和作好準備，就會等到孩子主動溝通的那個「magic moment」。在我接觸的很多需要幫助的孩子中，他們的父母都預備了不少活動，希望孩子能快點學會表達，可是，不少父母卻敗在「等待」上。

我們做父母的，很多時就是太心急。就像當我們看見孩子不說話或沒表達時，我們會不停地發問，希望透過發問能引起孩子的反應；又好像，當孩子不表態時，我們會為孩子做決定。可是，這些方式都會使孩子失去很多學習溝通的機會。很多時，我們需要的，只是耐心地等待，同時把「我們會聽你的聲音」這個信息傳遞給孩子。孩子需要時間思考溝通的方式，也需要時間建立起溝通的信心和意慾。給予孩子時間，才能讓孩子主動開展溝通。「觀察、等待、聆聽」是父母引領孩子主動表達時，需要做到的三步曲。

那麼，怎樣才能正確地做到「等待」，才能讓孩子知道「我們會聽你的聲音」？這需要父母在眼神和身體語言上的配合。

父母必須與孩子在同一水平，面對面，注視着孩子。父母的身體稍為傾前，停下手上的工作。孩子是世上最善解人意的人，他們很快就能接收到「我是時候説話了」的信息。

或許，有父母擔心，孩子會在我們等待他説話時分了心，自行離開了活動或者自顧自地玩，令雙方未能溝通。其實，這個等待，需要抓緊時機，即是孩子必須對當下的活動感興趣。只有當你認為孩子未能掌握到溝通方式的情況下，才輕輕地提

示孩子可以如何表達。例如：你看見孩子注視着餅乾，你知道孩子想吃餅乾。這個時候，你可以把餅乾拿到孩子的眼前，再注視着孩子，身體稍為傾前，讓孩子知道你在等待他的表達。這個等候，可以持續數秒甚至是多於十秒。如果在十秒後，你未看到孩子的反應，你可以輕輕張開孩子的手，引導他張開手以動作要求物件。最重要的是，父母不要一開始就不停地問孩子：「吃不吃餅乾？」、「吃餅乾好不好？」、「是不是要餅乾？」等問題，盡量先停下給予孩子機會。這個等待可能是十秒。假如孩子未有反應，父母只要清楚地問孩子一次就算了，並滿足他的願望。

等待看似簡單，其實是需要長久的學習。在我當言語治療師的初期，我也要不停地提示自己，才能把技巧潛移默化。最重要的是父母能讓孩子有表達的空間，對孩子會主動提出要求要有信心，並適時給予合適的協助。父母對孩子的溝通要敏感並作出回應。之後，你會發現，你需要等候孩子的時間會越來越短。

參考資料：

Pepper, J. & Weitzman, E. (2004). *It takes two to talk*. Toronto: The Hanen Centre.

第二章

單詞階段——
九個月至一歲半

九個月至一歲半為孩子的「單詞階段」。孩子在這階段由以聲音動作表達，逐步發展至以單詞表達。孩子對常見的物件或動作名稱等有初步的理解。在這階段，父母可多談論眼前的事物，以簡單和生動的話語與孩子溝通，對孩子任何形式的恰當表達均予以接納和回應、多在不同的情景下重複地介紹事物，並與孩子唱兒歌和閱讀圖書，增加孩子對不同詞語的認識，為孩子組合詞語表達打好基礎。

2.1 孩子明白父母的説話內容嗎？

「這裏不可以進來。」我那未滿一歲的兒子搖搖頭。「出街街前要收好玩具。」兒子把玩具放進盒子裏。朋友説：「你的説話他全都聽懂！」我説：「我的孩子很合作，但他未必是因為明白我的話，而是源於他對環境的了解。」朋友問：「這有什麼分別？」以上疑問，也常出於其他父母口中。

女兒於十個月的時候，能指出「花」，可能是因為她留意到爸爸的視線焦點。

　　孩子自呱呱落地起，便開始累積對環境的理解，讓自己可適應這世界和生存在這世界上。這對環境的理解能力遠遠超出我們的想像範圍，這也是我們覺得孩子能理解很多事情的原因。**孩子能從別人的手勢、眼神、表情、語調中取得資訊，再結合自己的生活經驗，推敲別人說話的意思。**例如：當父母指向地上的垃圾時並説出：「丟掉地上的垃圾。」孩子立即丟掉地上的垃圾。這不一定是孩子能理解父母説的話，而是他留意到父母的手勢，加上有丟掉垃圾的生活經驗，才能推敲父母的意思。當孩子從其他情景中分別聽到了「丟掉」和「垃圾」等詞語的不同搭配和用法時，才會真正地明白這兩個詞語分別代表什麼意思。

　　為什麼孩子要建立真正理解語言的能力？當孩子的年齡漸長，他們不能單靠對環境的了解來理解話語，才得以累積知識。比方説，老師講解有關太空的知識，如果孩子只懂得憑對環境或生活經驗去理解老師的説話內容，欠缺了單純的語言理解能力，他對於理解太空這既陌生又抽象的科學知識時，就可能出現困難。

　　在語言評估中，言語治療師會分辨孩子真正理解語言的能力是否與他的年齡相近。我們會謹慎地運用手勢、眼神、表情、語調等能給予孩子提示的溝通方式，去分辨孩子是否真正理解

語言。例如：我們說「擺蘋果喺碟上面」，我們會預備兩至三款水果，再預備碗和碟等盛載食物的餐具。孩子需要選出蘋果，再放在碟子上。在過程中，我們不會強調或指向指示中的重要字眼，也不會注視着相關物件。孩子必須單純地憑着他對語言的理解，來執行指示。

若父母想加強孩子的語言理解能力，可以多嘗試改變生活上固有的形式去提問孩子或給予指示，並觀察孩子的反應，了解孩子是否真正理解語言。例如：父母想知道孩子對於「鞋」這個物件名稱的理解，父母就不要在出外時才請孩子幫忙拿鞋子，而是應該在平日的其他時段隨意地請孩子拿出鞋子，觀察孩子能否同樣地拿到「鞋」。當孩子能在不同的情景中對某些語言有正確的反應，才可證明孩子已真正理解這些語言。

下一次，當你看見這階段的孩子好像什麼都明白時，你就知道當中的道理了。

2.2 小心「閃卡教學法」

　　我在「BB展」遇上一個「幼兒閃卡可以刺激孩子腦部發展」的介紹，聲稱可讓孩子快速地掌握更多的詞語，促進孩子的語言發展。我看到在場的父母趨之若鶩，深感為人父母的都非常着緊孩子的發展。原來，閃卡今非昔比，從前的閃卡是追星用的，父母是不會買給孩子的；現在的閃卡是教育用的，父母會買來讓孩子看。到底閃卡是否真的可以刺激孩子的語言發展？

　　「閃卡教學法」由美國人類潛能開發學會創辦人格連‧杜曼 (Glenn Doman) 所創，起源自教導有腦部缺損的孩子，後來擴展至教導一般的孩子。杜曼閃卡主要分成三類：第一類為字卡，可以有中文、英文或其他文字；第二類為點數卡，用以學習數字和數量，並以紅點代表數量；第三類為百科知識卡，主要是日常生活中的實物相片。每張卡片都有固定的規格和尺寸。杜曼閃卡的理論基礎是：光線經視網膜在百分之一秒便可在大腦枕葉的視覺神經皮質建立影像，因此高速閃動的卡片能刺激視覺神經，進而刺激大腦的發展。「閃卡教學法」主張成人在孩子面前快速地展示卡片，通常少於一秒，並同時讀出卡上的文字或數字，孩子就要在這短時間中認讀卡上的文字或數字。

但是要注意，閃卡與識字卡、故事卡等不同，識字卡或故事卡的玩法是容許成人慢慢地講解卡上的內容讓孩子理解。

我沒有為孩子購買閃卡，因為我有幾個疑問：

首先，溝通是雙向的，一方引起溝通，另一方回應，這個過程來來往往，成就了不少溝通的機會。孩子在雙向的過程中，知道自己的語言為別人帶來了反應，也從別人的反應中調整自己運用的語言和溝通方式。然而，「閃卡教學法」講求的是速度和輸入，孩子在整個過程中只是被動地和快速地接收並記憶資訊，偏離了日常溝通的真正模式。

第二，在這個階段的孩子，以正在感興趣的事物來學習語言是最有效的，因為他們對正專注的事物的理解和接收的能力是最好的。「閃卡教學法」不講求把握孩子當下的興趣，孩子也未必能好好了解該事物的特點就轉往下一件事物了。

第三，這階段的孩子需要親身接觸，才能全面地理解語言的意思。例如：當他們聽到「蘋果」時，他們如能看到、摸到、嗅到並吃到蘋果和聽到咬蘋果的聲音，他們就會明白什麼是蘋果。然而，「閃卡教學法」不需要孩子接觸實物，孩子只能透過平面的觀察去了解事物。以這種人工化與抽離式的學習模式來說，孩子是難以真正地理解「蘋果」。

◎ 我常常帶孩子外出，讓孩子在自然環境中學習。

如果要運用卡片學習詞語，我會用識字卡，因為我能在介紹卡片時做做動作，甚至同時指出實物讓孩子看。若能靈活地應用，識字卡也是一個學習詞語的好方法。

我們這一代的父母與上一代的父母最大的分別是，我們可以有更好的物質條件為孩子提供良好的教育，但最大的挑戰是，我們接收了大量資訊，要從眾多的方法中選擇最適合自己和孩子的教育方法，真是一點也不容易！

參考資料：
陳艷媚 (2011)。閃卡教學與幼兒的認知發展。《香港幼兒學報》，10(2)，頁 27-30。

2.3 就地取材教孩子説單詞

我有一位朋友，她有一個十個月大的兒子。她和先生都不多言，有時感到無論在生活上或工作上都難以突出自己，因而失去了很多發揮的機會。於是，她和先生都努力地跟孩子説話，希望孩子能「習慣説話」。可是，他們有時也會苦惱可以跟孩子説什麼。我很欣賞他們願意為孩子作出改變，不過我也提醒他們，每一種性格都有優點，而這個世界也需要不同的人。當然，父母能為孩子提供多一點語言刺激，也是一件好事。於是，我提出了以下幾點，讓朋友參考，這也是我培育一對兒女的方法：

1. **在實行任何方法培養孩子説話能力時，父母都需要感到輕鬆**

   父母可以循序漸進，使用的方法也需要配合自己的性格和不影響整個家庭的運作，那就容易持之以恆。例如：父母認為每天晚飯後的時間都是大家感到較為輕鬆自在的，就從那段時間開始實踐技巧，再擴展至生活上的其他層面。

2. **父母退下主導的角色，充當一個生活導遊**

   每一個生活小節都可以是練習語言的好機會。例如：孩子

@ 爸爸順應兒子的興趣，向他介紹大烏龜。

在洗手時，對流動的水感到有興趣，父母可以對此多作旁白。父母可多留意孩子的興趣是什麼，不應聚焦在自己想說的話題或事物上。

3.　在跟孩子說話時，多用不同的詞類

　　跟孩子說話時，不要只集中說不同的物件名稱，也要多說其他詞類，包括：動詞、形容詞、方位詞、時間詞、感受詞、社交用語等。例如：孩子在洗手時對流動的水有興趣，父母可以加入這些詞語與孩子對話：「水」、「洗手」、「乾淨」、「洗咗手」、「開水喉」、「濕」、「流落下面」、「好舒服」、「凍」、「唔該晒」。雖然這階段的孩子仍未太懂得說話，但父母不要只用單詞與孩子溝通，因為這不是自然的說話方式。

父母可以簡單組合詞語，如「手手濕」、「爸爸食」。父母運用不同詞類與孩子説話，不但更容易跟孩子製造話題，也可教孩子從多角度觀察事物。最重要的是，孩子有不同種類的詞語，才可為日後以詞語組成句子打好基礎。這一項特別需要父母多加練習（我也會在篇章 3.6 中進一步解説這一點）。

4. 引導孩子在不同情景認識和接觸相同的詞語

即使是同一個詞語，孩子也需要在不同的情景中接觸它，才能明白它的意思。當孩子明白該詞語的意思後，才能有效地運用出來。父母可以引導孩子在不同的情景中接觸相同的詞語。例如：「濕」這個詞語，父母在下雨時可指出地面是濕的，在洗手後可以讓孩子知道手是濕的，在洗衣服後讓孩子知道衣服是濕的，讓孩子在不同的情景中了解什麼是「濕」。這種適當的重複，是不會讓孩子感到沉悶的。

在我與孩子説話的過程中，我發現自己好像踏上了一個旅程。因為，孩子能讓我放慢步伐，學習重新觀察事物，發現事物的美好。

參考資料：
Pepper, J. & Weitzman, E. (2004). *It takes two to talk*. Toronto: The Hanen Centre.

2.4 怎樣回應孩子的「BB 話」呢？

有一次我到親戚家中探望他一歲的兒子，那孩子「咿咿呀呀」，十分可愛。我逗着這孩子說話，孩子跟我「有傾有講」。親戚問我他的孩子常説「BB 話」，何時才會用更多正式的話語溝通呢？又問我是怎樣聽得明白孩子的「BB 話」？如何在這階段對孩子作出更好的回應？

「BB 話」是何時開始？就要從孩子兩個月左右説起，這時孩子會開始人生的第一次「説話」，這些話還未有互動溝通的意思，通常是一些自娛或是感到滿足的發聲。在大約六個月開始，孩子會發出一連串的聲音，好像是「爸爸爸爸」、「媽媽媽媽」等，這時孩子還未真正地以聲音代表物件，即是孩子還未知道「爸爸」的聲音是代表「爸爸」。大約在孩子九個月左右，他會説出一連串不同的聲音，這些聲音會有不同的聲調變化和發音組合，聽起來就像孩子能真正地説話一樣。這時，應該是父母聽到孩子説最多「BB 話」的時間。當孩子説出第一個正式的單詞後，孩子還會繼續説「BB 話」，不過隨着孩子的語言能力逐漸地加強，孩子的「BB 話」會逐漸減少。到孩子差不多兩歲時，你或許再也聽不到孩子説「BB 話」了。

「BB話」是語言發展的一個正常過程,孩子需要練習不同的發音,為説出單詞打下基礎。「BB話」的變化,反映着孩子在智能、口肌和發音系統上的發展。

至於如何回應「BB話」,坦白説,我不是完全聽得明白孩子的「BB話」。不過,我聆聽孩子的方法,不只是用耳朵,而是用眼睛觀察再加上分析。很多時,只要是與孩子有一定的默契,就會明白孩子説的話,我相信這點是很多媽媽的心聲。當我知道孩子的需要,孩子又説「BB話」時,我都會即時以簡單的詞語組合為孩子説的話賦予意思。例如:孩子説出「咿呀」,並看着地上的玩具車,我會説:「有車車呀」、「玩車車」,這會為孩子提供語言示範。

⊙ 我聽到 10 個月大的女兒説「BB話」,再觀察她的
目光焦點,就知道她在説與帽子有關的事情了。

　　有一個原則叫做「祖母原則」，是促進孩子主動說話的黃金方法。即是，父母要像祖母一樣，對孩子的要求即時作出回應，那孩子就會喜歡親近你並願意和你說話。當孩子說「BB話」時，父母不需刻意要求孩子模仿成人的用語，因為孩子可能仍未有足夠運用成人語音的能力。也因為這階段的孩子開始具備模仿說話的能力，只要是孩子準備好，又對眼前的事物有興趣，自然會模仿說話。有時，過分地要求孩子模仿說話會為孩子帶來壓力，也阻礙孩子的溝通發展。

　　現在，我的女兒已經兩歲了，有時，我很懷念她說「BB話」的日子，因為，當孩子真正說出第一個單詞後，我的孩子已不是嬰兒了，她已長大成為一個小孩。

2.5 孩子只會模仿説話，不會自發地運用語言，怎麼辦？

很多時，「擔心」這種感覺總是纏擾着父母。父母先是擔心孩子不懂説話，當孩子能模仿別人説話時，又擔心孩子不能自發地運用語言。我覺得，要擺脱「擔心」這種感覺，必須對孩子的發展進程有正確的認識，並對孩子有合理的期望。就讓我分享一下對這個問題的看法。

孩子在九個月左右會開始模仿説話，但如果要孩子自發地以語言開展溝通，那還有一段距離。孩子從模仿説話發展至自行以語言開展溝通，關鍵取決於孩子的語言能力、性格特質和環境因素。孩子要運用一個詞語，比要理解一個詞語困難得多。孩子只要有幾次接觸同一個詞語的經驗，就能大致理解該詞語的意思。然而，孩子可能需要接觸該詞語幾十次，才能記憶它的發音組合，並協調身體的發音器官説出該詞語。在這個階段，父母可跟隨孩子的興趣多作旁白，讓孩子認識不同的詞語，給予孩子多聽詞語的機會。孩子在這階段會模仿成人説話，孩子能透過多次的模仿，練習説出詞語（可參閱篇章 2.3 的相關方法）。當孩子有多次模仿説出這詞語的經驗時，孩子才能熟習詞語及其發音的組合，並自發地説出詞語。

◎ 孩子要自發地運用某詞語前，必須累積足夠的「聆聽次數」。

　　另外，父母需要認識在這階段的提問技巧。很多時，我發現當孩子未能主動表達時，父母都傾向問孩子多個不同的問題，例如：「你要什麼？」、「你是不是想吃麵包？」、「吃麵包好不好？」，以協助孩子運用語言。其實，孩子是未能從父母的提問中得到協助。這時，父母可改用選擇式的問題發問，如：「你想吃麵包還是餅乾？」、「你想打開還是收起瓶子？」，並在發問時分別指向相關的物件或做出相關的動作。這樣，孩子就能較容易明白父母的提問，也能從父母的問題中得到答案。父母也需要謹記，每次只問孩子一個問題，同時思考該問題能否協助孩子表達。如果你的問題只能引起孩子回答「是」和「不是」，那或許代表那些問題並不是最好的問題。

　　倘若孩子有足夠的模仿，加上父母能以合適的問題協助，孩子就會更容易由模仿說話發展至自發地運用語言了。

2.6 怎樣加強孩子主動溝通的能力？

　　曾經，有一個令我印象非常深刻的個案，就是有一個孩子到中心做溝通能力評估，陪同出席的是七位成人，包括爺爺、嫲嫲、公公、婆婆、爸爸、媽媽和外傭，可見全家人都非常着緊和疼愛這個孩子。在大部分的時間，我很少看到全家總動員出席評估或訓練。孩子的父母認為，孩子缺乏主動表達，擔心他有發展上的問題。在一個多小時的評估和觀察中，我發現孩子的理解能力不錯，學習能力也似乎與同齡的孩子相若，但他真的甚少表達。孩子在有需要參與活動或要求物件時，大多只是展露出「想要」的神情。很快，我發現孩子的溝通問題，很大程度上是來自環境因素。

　　其實，孩子能主動地溝通，關鍵在於孩子的溝通能力、性格特質和環境因素這三方面。溝通能力需要慢慢地建立；性格內斂的孩子需要多鼓勵；語言環境則是父母最容易控制的一項因素。父母要做的是，給予孩子溝通表達的機會，即是要製造難題讓孩子透過溝通來解決問題。以下是一些製造溝通機會的方法：

1. 讓孩子經歷困難

　　父母可把孩子想要的物件置於他看得到但觸不到的地方，如：把物件放在較高處或一些密封的透明盒子內。這個階段的孩子還未太懂得爬高取物或打開密封的盒子。父母可在孩子需要物件時，告訴孩子：「哦！要餅乾。」引導孩子以動作或話語表達需要。父母要注意的是，對於孩子任何形式的恰當表達，不管是動作、聲音或單詞，都需要作出回應和鼓勵。

◎ 女兒打開盒子，主動地告訴我盒子內有什麼。

2. 給予孩子選擇

　　如果孩子事事都被安排，沒有選擇，孩子就不需要溝通。父母給予孩子選擇，就是給予孩子溝通的機會。父母可以問：「你要餅乾還是麵包？」讓孩子以任何恰當的方法表達。

3. 逐少給予

把孩子想要的物件分幾次給他，不但能製造更多的溝通機會，也能延遲孩子的享樂，訓練孩子的耐性。例如：當孩子要求吃餅乾時，父母每次只給他一塊而不是整包餅乾，就能讓孩子多提出要求。

4. 營造好奇和新鮮感

當父母有新的物件要介紹給孩子時，可以表現得充滿興趣和新鮮感。孩子對於成人誇張的表情和充滿情感高低的聲線最感興趣，也最願意跟從這樣的話語。此外，有時父母可以刻意改變日常生活中的小節，如把一輛玩具車塞入孩子的鞋子中，當孩子在鞋中拿出玩具車時，父母可表現出驚訝的神情，並加以旁白描述。這樣，孩子就會對生活上的小節充滿好奇，也更願意模仿父母說話。

生活上，往往有不少機會可以培養孩子主動地表達，關鍵是父母可能要停下來多花心思，別慣性地成為孩子的代言人，要讓孩子為自己的需要發言。

2.7 為孩子挑選有利語言發展的玩具

當了媽媽後，我發現家居不能像以往般清簡，花在收拾物件的時間也較以往多了。話雖如此，朋友仍是很驚歎我的家竟然沒有被玩具佔據。我說，我真是很少買玩具回家。朋友好奇地問我，到底什麼玩具才能得到我的青睞？

可能是因為職業上的習慣，我添置玩具時有以下的原則：

1. 添置一些孩子能自己玩，又能讓人參與其中的玩具

我家有神奇畫板、兒童拼圖、小汽車等玩具。這些玩具，既可以讓孩子一個人玩，又可以讓人參與其中。當孩子一個人畫畫、玩拼圖或玩車子時，我就可以有時間處理自己的事。如果我跟孩子一起畫畫、拼圖或玩車子，我就可以問孩子：「畫什麼好？」、「拼圖放在哪裏？」、「車車去哪裏？」等問題，又能邊玩邊加以旁白描述。這樣，就能令孩子多說話。父母需要注意的是，孩子在這階段仍未懂得與其他人一起玩，父母可在旁一起玩，並在適當時候與孩子互動，這也能給孩子示範如何與人互動。

2. 貼近日常生活的玩具

這階段的孩子仍未具備太多理解生活以外事物的能力，

因此一些需要較多想像性的玩具就不太合適，如太空玩具或戰爭玩具。相反，一些能反映日常生活的玩具就比較適合，如：煮食玩具、照顧嬰兒的玩具、超級市場玩具等。當孩子玩煮食玩具時，就可以學習說出食物或餐具的名稱和常用動詞，如「食」、「飲」、「煮」、「切」。

3. **玩具能讓父母介紹更多不同的詞語或具有更靈活的玩法**

泥膠可說是百變玩具之中的佼佼者。只要加入簡單工具來玩泥膠，父母就可以輕易地介紹不同的動詞，如：「搓」、「拍」、

「煮飯仔」是長駐我家的玩具，適合不同語言階段的孩子。

「刺」、「揘」、「切」、「滾」、「蓋」等。父母也可以選擇不同的印模，如動物、水果、形狀甚至是數字和英文字母等，讓孩子認識不同物件的名稱。再者，泥膠是一種沒有特定玩法、輸贏或對錯的玩具，那就最適合這階段的孩子了。要留意的是，市面上的泥膠一般只適合兩歲或以上的孩子。對於這階段的孩子，父母可以麵粉代替泥膠，或在網上搜尋自製安全泥膠的方法，這樣就能玩得開心又安心了。

4. 玩具能引起孩子的興趣

一些可以擺放物件、讓物件消失或藏起來的玩具，是很適合這階段的孩子，如投幣入箱、拼板玩具。父母也可多觀察孩子的興趣，如孩子只對單一主題有興趣，父母可加入孩子有興趣的玩具於新玩具中。如孩子只愛玩車子，父母可介紹以車子運送食物的玩法，讓孩子嘗試玩食物玩具。

其實，一些生活上的物件也可以變成玩具，而且可能比一般玩具更有趣，如在街上拾到的樹葉、小石子、枯枝等。

◉ 兩兄妹在公園拾起的樹葉，已是最好的「玩具」。

　　最後，我認為孩子需要陽光與空氣。所以，如果天氣和身體狀況許可，我必然會帶孩子外出，即使是到公園、郊外或是街上走走，孩子已有不同的學習機會。因為，自然環境是教導孩子最好的地方，也是這階段孩子最需要的。

實用資料

給孩子上快樂的課：自製泥膠
http：//thejollyideas.blogspot.hk/2015/05/blog-post_14.html

2.8 孩子要上 Playgroup 嗎？

在 Facebook 的動態上，我常常看到朋友上載孩子參與 Playgroup 的照片。這些 Playgroup 的內容五花八門，有的以學習外語為主題，有的標榜提升孩子的全面發展。我想，Playgroup 的興起是因為現今父母都願意投放資源在教育孩子上，加上兄弟姊妹少，只好讓孩子在 Playgroup 學習與人相處。

◎ 兩兄妹一起長大，是最好的社交訓練。

67

　　我的兒女都沒有參加 Playgroup，在朋友圈中屬於少數。這不是因為我反對孩子從小就要「上課」，而是我的兩個孩子真的不需要上 Playgroup。我的兩個孩子在育嬰園長大，有老師關顧他們的發展，平日大部分時間也和其他小朋友一起相處。加上，我的孩子與其他親戚住得也接近，自然有機會接觸到年齡相若的表兄弟姊妹。另外，在 Playgroup 引導孩子發展的技巧，部分我在家也會應用。所以，我沒有為孩子報名參加 Playgroup。我認為，父母在考慮是否讓孩子參與 Playgroup 時，可以從以下幾方面想一想：

1. 孩子是否有足夠機會接觸年齡相若的孩子

　　假如孩子主要由外傭照顧，又沒有兄弟姊妹，參與 Playgroup 或許能讓孩子有機會接觸老師和同齡的孩子，並學習溝通和相處技巧。不過，即使孩子不參與 Playgroup，父母也可多帶孩子與自己朋友的孩子一起玩。我的不少朋友也選擇這個方式，來增加孩子與其他小朋友的相處機會。部分朋友更花心思計劃每次聚會的主題和活動，讓孩子能寓學習於玩樂中。

2. 父母所需要的支援

　　部分父母在教養孩子方面，可能需要較多的意見和支援，才有信心教好孩子。參與 Playgroup 的確可以讓父母接觸到老師，老師也可因着對孩子的了解和經驗給予意見。這也是一個

可以認識其他家長的平台，互相交流育兒心得。

3. 父母需要喘息的空間

全職照顧孩子的確讓人很疲累。孩子參加了 Playgroup，照顧者就能有一刻放鬆的空間。不過，如果是需要親子參與的 Playgroup，這如意算盤就打不響了。

4. 孩子的升學考慮

部分有名的幼稚園取錄孩子升讀預備班的其中一個條件，就是孩子曾參與學校辦的 Playgroup。父母可以多了解個別學校的要求，再作考慮。

5. 父母的經濟狀況

有些 Playgroup 所費不貲，值得與否見仁見智。有時，父母還得看，付出了相同的價錢，會否有更好的選擇。例如，是讓孩子參與 Playgroup，還是把金錢留作親子旅遊。

作為言語治療師，我認為只要能給予孩子多點與人相處和溝通互動的機會，都是一件好事。如果我需要為孩子選擇 Playgroup，我會選一些合乎孩子發展階段的，且以玩樂為主。另外，我不會讓孩子在我放假的日子上 Playgroup，因為，我與孩子相處的時間不多，假期能讓一家人好好相處，建立愉快的回憶，這比學習什麼都重要。還有，最重要的是讓孩子多到戶外走走，畢竟，陽光和空氣是孩子成長的必要養分。

2.9 怎樣利用圖書作語言訓練？

在篇章 1.8 中，我跟大家談過如何與孩子開始閱讀。該篇章內的大原則，同樣適用於這階段的孩子。我相信大部分的父母都明白閱讀的好處，然而，或許時間和技巧上的問題，父母有時也會感到為難。那麼，就讓我多分享一點親子閱讀技巧，特別是如何利用圖書跟孩子作語言訓練，希望令父母在與孩子閱讀上會感到更容易。

1. 父母不須局限只跟孩子看一些認識物件的圖書

雖然這階段的孩子開始學習説單詞，在引導孩子學習單詞的過程中，一些認識物件的圖書能發揮作用，然而當孩子逐步習慣看書翻頁，或對圖書有一些興趣後，只看一些認識物件的圖書或不能滿足他們的興趣和需要。這時，父母可與孩子一起看繪本，繪本中可愛的圖畫是最能吸引孩子的，也因為繪本更具情節，父母能容易生動地描述。父母可以選擇一些內容簡單的繪本，如一些以孩子熟悉的情景作主題，像是去超級市場、坐巴士等題材。故事帶出的寓意要淺顯易明，頁數也不要太多。最好是孩子能從書上認識一些詞語，在日常溝通中也有應用的機會。

◎ 女兒十一個月大時，認物小書或簡單繪
本是她隨身物品。

2. 作有限度的提問和豐富的描述

這階段的孩子多了運用動作、聲音或是語言表達，在日常
生活中也會作簡單的回應。在閱讀時，父母可作有限度的提問，
即是每頁發問不超過一個問題，甚至是不問問題。倘若父母要
問問題，問題也需要是簡單的，就像「這裏有什麼動物？」、「他
喜歡吃水果嗎？」。因為，單純的問題是不能為孩子輸入語言
的。孩子需要從父母的說話示範中學習怎樣說話，父母的詞彙
越是豐富，孩子的詞彙也越豐富。父母可以留意孩子的視線焦
點，作出描述。對於這階段的孩子，父母可用兩詞組合或簡單
的三詞句子描述，如：「這裏有小狗」、「小狗食骨頭」、「小

狗好開心」。還有一點值得注意的是，孩子的心思是敏感的，他們能分辨哪些是有意義的溝通，哪些是測試性的問題。如果父母在看書時，只問孩子一些「這是什麼？」、「這裏有多少個蘋果？」等問題，雖然父母的本意是讓孩子多説話，但這些測試式問題並不是父母真正想知道答案的問題，大多不能引起孩子溝通的興趣。

3. 留意孩子喜歡的主題

如果孩子只喜歡某主題的書，如只喜歡有車子的書，怎麼辦？遇到這種情況，我會順應孩子的喜好。孩子對某主題有興趣，自然願意多聽父母對圖書的描述。另外，只要讓孩子愛上看書，他會慢慢地愛上其他主題的圖書，到時候父母與孩子之間以圖書引起的話題就更多了。

孩子對圖書的喜愛，是一點一滴地累積的。在這階段，最重要的還是讓孩子愛上看書，只要孩子能愛上看書，親子間就有源源不絕的話題了。

2.10

「唱兒歌，學說話」的方法

　　還沒懷孕前，我非常抗拒唱歌，可能是因為小時候常被別人取笑。在以往的言語治療課裏，我也很少用兒歌。可是，自從有了孩子後，我發現兒歌對孩子有種特別的魅力，尤其是對較被動、很少發聲的孩子。不管我唱得好不好聽，孩子們都聽得投入，而且還會拍手支持。為什麼兒歌能吸引孩子？父母可選擇怎樣的兒歌來作這階段的語言訓練？

　　父母唱兒歌時多會放下手上的工作，專注地看孩子，運用柔和的聲線，表現得輕鬆愉快，也多了與孩子有身體接觸。這些都讓孩子感到被愛，讓孩子願意模仿成人說話。加上，這階段的孩子都喜歡重複，兒歌中熟悉的旋律會讓他們感到安全和親切。在我的經驗中，父母或可先嘗試以下類型的兒歌：

1.　旋律輕快且簡短的

　　《太陽伯伯》和《火車快飛》是我女兒最先學會的兩首兒歌，這兩首兒歌讓孩子很容易便可跟從當中的節拍。

2.　內容生活化或涉及孩子喜愛的事物

　　我的女兒非常喜歡巴士，"The Wheels on the Bus" 也自然得到她的喜愛。她會一邊看兒歌書上的圖畫，一邊唱出兒歌。

73

3. 有擬聲詞的兒歌

　　孩子對一些動物叫聲和物件聲音特別有興趣，也樂意模仿。兒歌如："Baa Baa Black Sheep" 就很合用了，孩子喜歡説出「Baa Baa」的聲音。

4. 在唱歌中有動作互動或撓癢癢的遊戲

　　以《小熊遊花園》為例，當父母唱到最後一句「好快就行完」時，同時用手指搔癢孩子的頸部，孩子會覺得很有趣，也願意開口唱歌。

　　在選出合適的歌曲後，父母可以運用以下的步驟，誘發孩子説話：

步驟一：讓孩子熟習兒歌

　　同一首兒歌，家長可多唱幾次予孩子聽。如家長未習慣唱兒歌，可加入簡單樂器，如搖鼓、沙鎚，也可以拍手，這樣聽起來較自然。

步驟二：停在某一句最後的一個字前，讓孩子「填充」

　　以 "The Wheels on the Bus" 為例，父母唱："The wheels on the bus go round and round, round and round, round and round. The wheels on the bus go round and round, all day…"，再等候孩子唱出「long」。

步驟三：停在一短句前，讓孩子完成歌曲

以《太陽伯伯》為例，父母唱：「太陽伯伯，太陽伯伯，你去咗邊？你去咗邊？快啲快啲出來，快啲快啲出來⋯⋯」，孩子接續唱出「哈哈笑，哈哈笑」。父母要注意在步驟二和三中，需要在不自然的位置停下，孩子才知道自己要接續兒歌。

步驟四：家長自創一些內容簡單的小曲，然後重複步驟一至三

我自創了一首兒歌，歌詞是這樣的：「在媽媽的心中，栩樂最聰明；在媽媽的心中，栩樂最可愛；在媽媽的心中，栩樂是個寶；在媽媽的心中，栩樂好重要。」我兒子每次聽到時，都很開心，也會為我「填充」，後來甚至唱出了整首歌。

我沒有音樂天分。可是，孩子令我明白唱得好與不好並不重要；更因為音樂，我發現了更多引領孩子說話的方法。

🎵 我請女兒在我唱兒歌時敲木琴，增加她的投入感。

第三章

句子階段——
一歲半至三歲

　　一歲半至三歲為孩子的「句子階段」。孩子在這階段開始組合詞語表達，並逐步發展至運用完整的句子，口腔機能也在急速地發展。孩子對即時情景的對話和提問有基本的理解，並持續地展示對周遭事物的強烈興趣。在這階段父母可適當地提問孩子並同時告知答案、擴張和擴展孩子的說話內容、製造溝通機會、接納孩子的發音錯誤、堅持與孩子閱讀、持續地親餵母乳，並讓孩子嘗試不同的食物及進行口肌活動，為孩子表達複雜的語言信息作好準備。

3.1 孩子應該上全日制還是半日制學校呢？

　　有一次，我到幼稚園工作時，跟校長談起選校。我說：我的首選是全日制學校，其次是上午校，因為我的孩子已習慣全日的羣體生活，加上全日制學校可以配合家庭運作而又不影響孩子午睡。校長說：全日制和半日制各有好處，但如果她為自己的孩子選半日制學校，她會選下午校。她表示上下午校是同一個課程，下午校的優勢是老師可以在教授上午校的學生時吸取經驗，調節教學的方法，因此在教下午校的學生時，就更得心應手。原來，每個人對選校都有不同的看法。以下是我的意見和心得：

1. 孩子平日與人接觸的機會

如果孩子是由外傭照顧，家中沒有長輩可以與孩子溝通，父母又需要工作，那麼全日制學校可能會更有利孩子的語言和整體發展。因為孩子會有更多時間接觸老師和同學，學習溝通和發展社交。相反，如果孩子平日已有較多機會與人接觸，特別是同齡的友伴，半日制學校反而能讓孩子有較多的機會與家人相處，建立感情。

2. 孩子的語言能力

全日制的課程跟半日制課程是一樣的，只不過半日制的課程節奏有時會比較趕急。**有部分我接觸過的老師表示，如果要協助語言能力較弱的孩子，他們較容易在全日制的日常流程中抽出時間與這些孩子作交流，也更容易安排時間予孩子和同學交談。他們更會抽出時間，為學習較慢的孩子進行輔導。**

3. 照顧者的狀況

由於我家中沒有外傭，兩個孩子的起居生活需要都靠長輩照顧。如果孩子讀半日制學校，那麼長輩就要負責他們的午餐，因而少了休息的時間。假設所選學校比較遠或沒有校車服務，那麼接送孩子所需的時間也較多及辛苦。在這個情況下，孩子讀全日制學校，長輩便有多點時間做自己的事，壓力也較小，他們便可以更愉快地共同教育孩子。相反，如果家中人手充裕，

半日制學校也可以讓孩子在升小學前，有更多時間享受跟家人相處的時光。

4. 全面發展的機會

孩子上全日班，需要在學校內進食午餐、睡覺和起牀穿衣等，這對學習自理、建立生活流程和培養均衡飲食習慣方面可能會更容易。因為，孩子在朋輩影響下，會較願意嘗試新事物和遵從規則，也較容易學習到新事物。當然，如果父母願意多花心思在建立孩子的健康飲食和自理上，讓家中成為孩子學習的場所，那麼選擇全日制或半日制也無所謂。

現時全日制學校的需求很大，我的兩個孩子均幸運地入讀了全日制學校。在選校的過程中，我明白到父母的每個決定都有利有弊，不過只要父母覺得安心，孩子又習慣，那就是一個好決定了。

3.2 # 孩子在面試時不肯說話，怎麼辦？

近年每逢十月或十一月，我的 Facebook 上就會不斷地被面試的帖子「洗版」。不少為人父母的朋友慨歎，孩子平日有問有答，但在面試時卻總是不肯說話，甚至號啕大哭，真是令人沮喪。我又何嘗沒有這個煩惱？

我的兩個孩子都比較慢熱，特別是兒子。每次到新環境，他都只是觀察，甚少作出反應，也缺乏面部表情，更莫說是主動說話。女兒雖然大致願意跟從老師的指示，但也不太願意說話。我曾戲言，兩個孩子每次踏入陌生的校園，就好像到了北極，一下子被冰封了，而踏出校門後就即時解凍了。究竟，為何孩子的溝通表現在不同環境下有如此大的落差，我們又可以怎樣處理？

我常說，孩子是世界上最聰明的人，他們對環境的觸覺是最敏感的。孩子喜歡親近熟悉的人、投入在自然的互動中、享受溫暖友善的關係和具意義的溝通，這是孩子的天性，也是自我保護的機制。但是，很多面試中的安排，往往與這階段孩子的需要是相違背的。例如：孩子要與父母分開坐、機械式的互動方式、老師在與孩子完全不熟悉的情況中不斷地提問、大量

測試式問題等。孩子在緊張的情況下，不能開口説話是很正常的，就像成人在緊張的情況下，説話也會斷斷續續，甚至詞不達意。

從我兩個孩子的面試中，我總結了以下經驗，或許能讓你的孩子在面試中較易表現出自己的能力：

1. 作大量的預告

父母帶孩子到將會面試的學校走走，以正面的話語介紹學校，甚至跟孩子在校園前拍照，增加孩子對學校的親切感。父母可以運用這些相片，或從學校網頁下載一些相片，製作簡單的故事書，以孩子為故事的主角，輕鬆地説一説在面試時需要做什麼。孩子有了心理準備和適當的教導，就會更易適應。

2. 輕鬆面對

在面試前，父母或許可以先用一些孩子喜歡的話語讓他感到輕鬆。我的兒子最喜歡熊寶寶，平日在家中喜歡聽我扮熊寶寶説話。所以，在面試前，我便用熊寶寶的聲音鼓勵他，他會立即展露笑容，並表現得較輕鬆。

3. 引導孩子説話

在老師提問時，如果孩子未有回答，父母切勿不斷地重複老師的問題，可嘗試改用輕鬆的方式引導孩子説話。有一回，老師展示蘋果，問我兒子那是什麼，當時兒子未有回答，於是

我拿起另一個水果，並說「嘩！有香蕉，好味」，然後扮吃香蕉，再交給孩子「吃」。兒子肯「吃」後，我把蘋果藏在手裏，並扮吃蘋果，然後問他「嘩！這裏有什麼？」，再突然打開手掌，讓孩子看到蘋果，他馬上說出水果的名稱。我發現，當孩子心情興奮或放鬆時，就會更容易回應老師的提問。

　　假若你用了以上的方法，即使沒有效果，也要表現得輕鬆和友善。這或許能給老師留下好印象，因為面試不只是看孩子，也看家長呢！

3.3 孩子還只會「咿咿呀呀」，他有語言障礙嗎？

近年來，我有時候會收到朋友的信息，說他們的孩子在一歲半時仍未能說話，需要在兩歲時返回母嬰健康院跟進。朋友問我，孩子一歲半仍未能說話，是有語言障礙嗎？孩子有機會追上同齡孩子的進程嗎？父母可以怎樣幫助他？

父母對孩子的關心，是孩子能健康發展的其中一個最重要的因素。每個孩子的發展有快有慢，加上語言障礙可以有不同的成因和表徵，所以，有時候父母是難以單憑日常的觀察去肯定孩子是否有語言障礙，這是需要言語治療師的評估才可以診斷的。

語言障礙大致可分為：語言遲緩與語言發展異常。

1. 語言遲緩

語言遲緩指孩子的語言發展會依照一般孩子的進程，只是發展比同齡孩子慢。簡單來說，就是孩子的語言能力跟年齡較小的孩子相若。

2. 語言發展異常

語言發展異常指孩子的語言發展不是依據一般的進程。孩子可能先掌握某一些較複雜的語言技巧，但同時仍未掌握某些簡單的語言技巧。例如：孩子已能理解多個顏色詞，但仍未能明白多個常用物件的名稱。

語言障礙可出現在語言理解、語言表達和／或語言運用方面（即以語言與人溝通，達到不同的社交功能）。家長可參考本書開首的「認識孩子的語言發展里程」，了解每個年齡階段的孩子在語言方面的主要里程。以下是言語治療師診斷語言障礙的其中幾個指標：

1. 孩子在一歲時對成人的簡單指令，如：「坐低」、「執返佢」，沒有反應。

2. 孩子在一歲半時仍未能說出有意思的單詞 ，如：「爸爸」、「媽媽」、「俾」、「食」。

3. 孩子在兩歲時仍未能組合詞語表達，如：「爸爸俾」、「媽媽食」、「唔要」、「去公園」。

4. 孩子在說話的過程中，大多是自說自話，對別人的話語沒有反應或抗拒與人相處。

雖然以上的指標是描述一歲或以上的孩子，不過，如果孩子有語言障礙，很多時候問題在一歲前已呈現出來。例如：孩子不喜歡或抗拒與人的互動、缺乏溝通動機、沒有或甚少與人有眼神接觸、沒有或不喜歡模仿別人的動作或說話、沒有或甚少自行發聲，和抗拒別人參與自己的活動等。假如父母發現孩子持續地出現以上情況，可先理解孩子的聽力是否有問題，或者嘗試調節溝通的環境 (父母可參考各篇章中有關語言訓練的資料)，看看情況有否改善。如有需要，父母也可尋求專業人士的意見。

至於孩子能否追上同齡孩子的進程，主要是看介入問題的時間、孩子語言障礙的嚴重程度和引致語言障礙的原因。越早處理問題，加上環境上的調節，而孩子又沒有其他相關的發展障礙，在適當的訓練後，很多時孩子是可以追上同齡孩子的進程的。

3.4 在家中也可以進行的口肌訓練——食物篇

女兒兩歲後，我陸續把她的圍嘴兒送給朋友。先生問我：「這麼快就把圍嘴兒送給別人，不怕女兒還需要嗎？」我說：「女兒該不需要了，因為兩歲的孩子已差不多長好乳齒，流口水的情況會減少。孩子初生時口水分泌較少，至六個月時才開始增多。所以，這些圍嘴兒只用了一年半，且不是常常用，平均每條只用過幾次，如果不送人就太浪費了。」

隨着成長，孩子會減少流口水，而且能逐步處理不同的食物，並開始準確地發音。口腔機能在這三項發展上扮演着重要的角色。世界衞生組織建議孩子在六個月後逐漸添加固體食物，並同時餵哺母乳。添加固體食物除了讓孩子取得足夠的營養外，更是促進孩子口腔機能發展的關鍵。父母在飲食方面，可以為這階段的孩子：

1. 提供不同的食物

提供不同味道、溫度和質感的食物，例如：甜的番薯、酸的番茄、鹹的肉；冷的果汁、熱的湯；滑的豆腐、硬的蘋果、軟的香蕉。不同的食物能提供不同的感知信息，促進口肌發展。孩子還可在嘗試不同的食物中，理解不同形容詞的意思。

2. 逐步減少磨碎的食物

當孩子逐漸長出乳齒，父母便可逐步減少磨碎的食物。例如：孩子在未有牙齒時會吃蘋果蓉，初出牙時可以吃蘋果幼絲，然後練習吃蘋果薄片，待長出較多乳齒時吃蘋果塊。父母也要鼓勵孩子用臼齒咀嚼並慢慢吞下，父母甚至可以示範咀嚼食物。當孩子進食體積較大的食物時，父母需要監察孩子進食時的情況，以減低鯁塞的風險。一些較滑或較黏的食物也需要非常小心處理，如果凍、湯圓或年糕。父母切開食物給孩子時，要避免把食物切成圓形粒狀，因為圓粒狀的食物較易滑下，甚至會掉進氣管造成危險。

◎ 兒子於一歲八個月的時候吃掉整條粟米，這也是一個很好的口肌訓練。

3. 促進舌頭的運動

父母可故意把一些食物或醬料塗抹在孩子的嘴唇四周,讓孩子以舌頭舔拭,以加強舌尖的靈活度。父母也可用新鮮果汁自製雪條,讓孩子以舌尖舔雪條。

4. 訓練咀嚼能力

如孩子已長出乳齒,且願意咀嚼,父母可給予一些略為黏韌的食物,如芒果乾,加強孩子的咀嚼能力,並觀察孩子的咀嚼情況,再逐漸調節芒果乾的大小,以策安全。

5. 以毛巾擦臉,增加感知刺激

在孩子進食後,父母可以讓孩子自行用毛巾擦臉,讓他們多感受是否有食物殘留在臉上,也可讓孩子用不同溫度的毛巾擦臉,增加感知刺激。

我的兒女很愛吃,所以他們的口腔機能發展得不錯。在這方面,我也居功至偉,因為我並不偏食,且常常在孩子面前吃得津津有味,孩子自然就會更願意進食。還有,我會努力地找尋新的食物讓孩子嘗試,如朋友請我吃的魚乾,我會留一點給孩子嘗試。我的孩子每次都很期待嘗試新的食物呢!

3.5 在家中也可以進行的口肌訓練——玩樂篇

在親子網站中，有媽媽說自己的孩子發音不準確，說話少又不喜歡嘗試新食物。言語治療師讓孩子學習吹泡泡後，孩子的情況有了明顯的改善。這位媽媽於是建議其他媽媽要讓自己的孩子學習吹泡泡，說是改善孩子溝通障礙的好方法。**事實上，言語溝通障礙的成因很多，單用吹泡泡未必能解決所有問題。不過，如果孩子的口腔機能發展出現問題，吹泡泡也是一個有用的方法。其實，除了吹泡泡外，還有很多遊戲也可加強孩子的口肌能力，對於一般孩子更是多做無妨。**以下是一些例子：

1. 吹氣玩具

在吹氣的過程中，孩子需控制臉頰、嘴唇和舌頭的肌肉。在初期，父母可選擇一些容易吹出聲音的玩具，如哨子和玩具喇叭。然後，父母可讓孩子吹口琴或派對上常見的紙捲哨子。吹氣球是眾多吹氣活動中最困難的，如果孩子已嘗試過不少的吹氣玩具，也可嘗試挑戰吹氣球。

2. 吹氣遊戲

除了以上的吹氣玩具，我也會與孩子玩吹氣遊戲。例如：

◎ 吹泡泡是一個既有趣又實用的口肌遊戲。

　　我在孩子洗澡時，會把乒乓球放進浴盆內，讓孩子吹動乒乓球。我女兒很喜歡棉花，有時我會隨身帶備數個棉花球，讓她在餐廳吃飯後或無聊時吹一吹，我甚至與她用吹的方式把棉花球傳來傳去。有時，跟孩子走過花圃，我會摘下小小的蒲公英讓孩子吹，孩子都很喜歡。吹動的蒲公英更讓我拍下很多美好的照片。

3.　含雪條棒

　　在夏天時，我會收集吃雪條後剩下的棒子，閒時拿出來與孩子玩「嘴唇大力士」的遊戲。玩法是這樣的：讓孩子含着雪條棒，接着我會替孩子計時，看看孩子能用嘴唇含着它多久。在過程中，我會要求孩子不要咬着雪條棒。

4. 吸氣遊戲

　　我把一張紙巾剪成小塊，約 1.5cm X 1.5cm。然後，孩子需要用吸管把紙巾從一處吸到另一處。如果孩子吸氣的力度不足，我會把吸管剪短。如孩子已成功吸到小塊紙巾，我會把小塊紙巾換成小塊紙張，或較大塊的紙巾，來增加遊戲的難度。用吸管喝水也是孩子喜愛的遊戲，因為他們大多不喜歡喝水，用吸管喝水既可讓他們感到新奇而多喝一點，也可同時訓練口肌。

　　口肌遊戲其實可以有很多變化，遊戲的目標是讓孩子多活動嘴唇和舌頭，以鍛煉顎部及面頰的肌肉。假如父母對孩子的口肌發展有疑問，可以諮詢言語治療師的意見，利用更多針對性的活動，促進孩子的口肌發展。

3.6 怎樣協助孩子從説單詞到説句子？

　　女兒在差不多一歲半時，開始運用詞語組合，也開始指揮人，一會兒是「媽媽坐」，一會兒是「爸爸玩」，而且還會不停地說直至你完成任務，先生笑説這女兒一點也不好惹。孩子從「小粉糰」變成「小軍師」，好像只是瞬間的事，究竟孩子是如何從單詞運用進展至句子運用的呢？父母又可以如何協助孩子呢？

　　孩子在一歲左右開始説出單詞，在兩歲左右便能運用完整句子，如：「媽媽食蘋果」、「俾餅 BB」等。要孩子説出完整句子，其中一個關鍵在於他們的詞彙量。**孩子要累積一定的詞彙量，大約是五十個詞語左右，才能組合詞語成不同的詞組 (word combination) 表達。**當孩子開始組合詞語成詞組表達的同時，會經歷一次的「詞語爆發」(vocabulary burst)，他們會以更快的速度習得詞語，以應付逐漸複雜的語言信息。

　　當孩子能運用不同語言文法組合單詞成詞組後，如運用「人物＋動詞」(如：爸爸食)、**「動詞＋物件」**(如：食蘋果)、**「物件＋地方」**(如：去公園)**等，孩子就會組合不同的詞組成為句子。**孩子認識的詞語會隨時間累積，所表達的句子內容也

會更豐富。

可是，**單以孩子能說出的詞彙量，來評估他們能否運用詞組是不足的，這還得看孩子能運用的詞語種類。**在孩子的詞彙庫中，要擁有不同的詞類，才可讓孩子靈活地組合。例如，孩子必須有動詞「食」和名詞「蘋果」，才能組合並運用「食蘋果」。因此，父母在跟孩子說話或描述事物時，除了要豐富孩子的詞彙量，也要注意詞彙種類（父母可參看篇章 3.7 了解如何豐富孩子的詞彙量和詞彙種類）。

在協助孩子學習組合詞語的過程中，父母還要好好利用「擴張」(expansion) 和「擴展」(extension) 這兩個技巧。

1. 「擴張」技巧

「擴張」技巧指孩子說出了一個詞語後，父母為孩子擴張句子的長度。例如：當孩子說出「食」時，父母以「哦！狗仔食」來回應孩子的語言，這就是「擴張」。

2. 「擴展」技巧

「擴展」技巧指孩子說出一個意思後，父母為孩子的話語豐富意思。例如：父母可以用「哦！食呀！骨頭好味！」為孩子的話語加入新的意思。

當孩子說話後，父母擴張或擴展孩子的話語，就能為他們示範組合詞語。我在家中跟兒女玩耍時，也常用「擴張」和「擴

展」的技巧。有時他們感興趣，還會重複我的話，那我就能不經意地訓練孩子的說話技巧了。

　　孩子懂得運用詞組或句子表達後，他們說話時有時仍會運用單詞表達，不過詞組和句子的比例會隨着年紀增長而逐漸增多。有時，我也很懷念孩子的單詞階段，感覺孩子還像個嬰兒，現在這階段已一去不返了。

◎ 兒子說：「波波呀！」爸爸回應：「波波好大！好犀利呀！」這就自然地擴展了孩子的話語。

3.7 怎樣協助孩子豐富詞彙量？

在篇章 3.6 中，我提到孩子要累積一定的詞彙量，大約是五十個詞語左右，才開始組合詞語成不同的詞組來表達。那麼，父母可以怎樣協助孩子豐富詞彙量呢？

首先，父母可用不同類別的詞語，從多角度描述事物，我稱這方法為「多類詞語描述法」。例如，父母與孩子坐巴士時，當孩子對巴士上的事物感興趣，父母可以運用以下詞彙作出描述：

詞類	例子
名詞	巴士、巴士站、車廂、錢箱、八達通、錢、座位、鐘、扶手、安全帶、司機
動詞	排隊、到站、上車、開車、坐低、入錢、「嘟」卡、扶住、落車、撳鐘
形容詞（物件）	快、慢、大
形容詞（感受）	開心、舒服、辛苦、迫、熱、累
介詞（位置）	座位上面、車前面、車後面、窗外面
禮貌用語	唔該
物主代詞	我嘅、你嘅、司機嘅、巴士嘅

◎ 兒子對櫥窗內的鞋很好奇，此刻就是我運用「多類詞語描述法」的良機了。

　　父母多角度地描述眼前的事物，就可讓孩子認識不同的詞類，而不只是物件的名稱了。這階段的孩子仍然年幼，父母需要用簡單清晰的短句自然地與孩子溝通，如：「巴士開了」、「巴士開得好快」、「好多人上車」等，讓孩子更容易明白語句的意思。我會選擇在自己和孩子都比較空閒時運用「多類詞語描述法」，如等車時、跟孩子逛街時、吃飯時，那就可以與孩子有源源不絕的話題了。

　　第二，父母在介紹事物時，可多集中介紹眼前的事物。這階段孩子對新事物的理解能力仍主要局限於看得到、觸得到和感受得到的即時情景上。例如：父母與孩子坐巴士時，可多說眼前的景物，而不是談及上一次坐巴士時遇見的事物。這既易取得孩子的專注，孩子也較易理解。

　　第三，父母說話時可配合動作。在運用不同的詞彙介紹事物時，父母可同時指向該物件，或做出動作加以說明，一方面可引起孩子的興趣，另一方面可以讓孩子更容易理解父母的話語。

　　我常介紹「多類詞語描述法」予父母，他們很多時會告訴我，他們在學習這方法後才發現，自己往常的習慣是偏向說出物件名稱，而忽略其他類別的詞語。也因為用了這個方法，他們的孩子開始能組合詞語成詞組或句子了。

　　我與兩個孩子說話時，也常常多角度地描述，這不單增加了我和孩子之間的話題，孩子也能從我的語言中學習了不少詞語。以我女兒為例，因為她喜歡巴士，所以知道八達通是「嘟」的，也能說出「安全帶」、「扣好」、「撳鐘」、「開車門」、「司機辛苦」等詞語或詞組了。

參考資料：
Weitzman, E. & Greenberg, J. (2002). *Learning language and loving It*. Toronto : The Hanen Centre.

3.8 怎樣培養愛發問的孩子？

最近，有一個孩子令我印象很深刻，這孩子差不多三歲，語言理解能力很好，可是卻甚少表達，也從來不會發問。孩子的媽媽很希望女兒可以多發問，於是問我有什麼好方法。

在接下來的幾節會面中，我努力地了解這個孩子。我發現她的語言理解能力很好，甚至超越了同齡孩子的水平。她也能運用完整的句子提出要求，可是在我觀察中，她沒有提問，也沒有對現場的任何事物表現好奇。這孩子對任何事情都規規矩矩，完全不像是一個不到三歲的孩子。這階段的孩子大多數對身邊的事物充滿好奇，他們在熟悉了環境後，便會提出很多問題。後來，我在與她媽媽的談話中，才發現了端倪。

原來，孩子的爸爸是一個很有權威的人，凡事講求規矩。這位爸爸經常限制孩子玩玩具的方法，也會對孩子作出很多指示。很多時候，如果爸爸認為孩子說的話沒有意義，便會故意忽略孩子的表達。孩子有時會指出有趣的事與爸爸分享，但爸爸甚少回應。媽媽與爸爸談過這問題，但爸爸認為他小時候也是這樣長大的，並不覺得有問題。另外，孩子的嫲嫲對孩子非常照顧，孩子在家中不用提出任何問題或說話，嫲嫲就會滿足

99

孩子的要求。

其實，**孩子要學習發問，要先視乎孩子有沒有好奇心、提問的機會和提問的技巧。**要引發孩子的好奇心，父母對生活事物首先要表現出好奇和讚賞，並樂意觀察身邊的事物。例如，當父母跟孩子到公園時，父母可指出地上的螞蟻和落葉。父母也可與孩子分享一些有趣的事，讓孩子一起感受那樂趣。對生活投入及感興趣的人，才會有好奇心，才會提出問題。

另外，要給予孩子提問的機會，即是父母在某些方面需要懶散一點。父母給予孩子時間觀察身邊的事物，這樣孩子就可按自己的觀察提出問題。父母也不需要事事為孩子安排妥當，要讓孩子有為自己發聲的機會。例如：在吃飯時，父母不需要每次都拿出餐具予孩子，當孩子發現自己沒有餐具時，他們便有機會嘗試提出要求。重點是，父母要重視孩子的每一個問題，並真心誠意地回應，即使父母認為那不是一個重要的問題。

最後，是孩子要有發問的技巧。這點需要父母的示範，例如：父母知道孩子正在找一輛小車子，父母可以為孩子說出問題：「車子在哪裏？哦！原來在櫃下面。」藉着示範，讓孩子學會發問。

　　我記得當我兒子接近三歲時，他可以接連地在對答之間發問五至十個問題，差點讓我招架不住。現在女兒快兩歲了，她對於有興趣的事物，也會常常發問，直至得到答案為止。有時我答不出來，也會請孩子問問其他人。反觀我們這些大人，也未必常常提問，在好奇心方面，有時還不如孩子。

◎ 父母用心聆聽及回應孩子的每一個問題，孩子就會更愛發問。

 3.9　怎樣為孩子選擇圖書？

　　在幾次的午飯時間，我因為要趕往書店買書或到圖書館借書，因而未能與同事一起吃午飯。同事問我，為什麼不上網買書，這樣可省去三天兩頭就跑一趟的麻煩？

　　他們的建議不無道理。我的兩歲女兒很喜歡看繪本，她不但要我把她熟悉的繪本一讀再讀，每當看到新書時，也會即時要求我與她一起看。我總是感到家裏的圖書不足夠。在這情況下，網上購書的確省時方便。可是，我喜歡親自翻開圖書看看，這樣會讓我更有信心自己選擇的圖書是適合孩子的。因為，書本是否易翻，印刷是否吸引，都可能影響孩子看書的興趣。另外，持續地逐少添置圖書，可以讓我因應女兒近期的興趣或生活經驗轉變，來購書或借書。或許，是因為這緣故，加上我的職業觸覺，女兒大多喜歡看我為她選擇的圖書。在選書方面，我有以下的心得：

1.　父母要喜愛自己為孩子選擇的圖書

　　因為女兒常常要我重複跟她看同一本書，在每一次的閱讀中，我都會變化所運用的語言表達相似的意思，讓孩子有不同的語言經驗。如果書本帶給我豐富的想像或引起我的共鳴和感

動時，我會毫不猶豫地選擇這本書，因為我相信我在説故事時的語言會更生動和吸引。我覺得親子閱讀不是兩三天的事，更不只是孩子的事，不能只從孩子的好處和感覺上想，好的繪本也能讓我享受閱讀的過程，令我更樂意與孩子持續這個閱讀習慣。

◎ 父母要喜愛自己為孩子選擇的圖書。

2. 與孩子的生活經歷有關

這階段的孩子對與身邊事物有關的事情最能理解。就好像女兒在最近的旅程中看過下雪，感受過下雪時的寒冷。當我跟她讀一本有關小動物在大雪中互相送贈食物的故事時，她對故事內容表現出很大的理解和興趣，我也會在説故事時重提那一次的旅程，讓她以親身的經驗去明白陌生的故事內容。相反，繪本內容也可讓孩子了解未發生的事情。我記得在兒子兩歲三個月時，我和先生需要離開香港十多天。在出發前的大半個月起，我與孩子每晚都閱讀關於去旅行的繪本。我甚至親自製作繪本，讓兒子明白爸媽不在香港是怎樣的一回事。在我們離港期間，兒子會指向飛機對婆婆説：「爸爸媽媽坐飛機。」他更沒有哭鬧要找爸媽或吃媽媽奶。如果繪本內容能與孩子的生活經歷有關，孩子就能更明白書本內容，也能從書本內容增加對世事的理解。

3. 書本的主角或主題是孩子喜愛的事物

女兒喜歡吃，也喜歡巴士和動物，凡是有關這些主題的繪本，都愛不釋手。我會特地多找一些有關食物、動物或巴士的圖書，讓孩子讀得愉快。在我的臨牀經驗中，如果孩子還未愛上看書，父母多找一些孩子喜歡的主題或卡通人物的故事，的確能更容易令孩子喜愛看書。

4. **頁數篇幅較少的**

這階段的孩子維持共同專注的能力可能只有十分鐘，頁數只有十頁左右的圖書能讓我與孩子輕鬆地完成整本書。不過，如果孩子一次看不完整本書，那下次再讀也是可以的。

5. **情節有幽默感或內容感人的**

雖然這階段孩子的語言理解能力有限，但他們與生俱來就喜歡幽默並能洞察人心，也會被故事內容吸引。就好像女兒在看阿濃的著作《漢堡包和叉燒包》時，故事寫的是深厚的爺孫感情。我起初以為孩子會不明白，怎料女兒不但聽得投入，更能說出「小強唔見咗。爺爺唔開心。」的句子，又指出故事中的爺爺和自己的爺爺，顯示孩子真的明白故事內容，能聯繫故事與生活。

最後，我不會限制孩子閱讀哪些主題的繪本，或認為某些繪本一定不適合某些年齡的孩子，我有時還會與孩子一起選書。

實用資料

《漢堡包和叉燒包》

作者：阿濃
出版：新雅文化事業有限公司
ISBN：978-962-08-6336-3

第四章

複句階段——
三歲至六歲

　　三歲至六歲是孩子的「複句階段」。孩子從基本的句子表達，逐步發展至以複句和段落表達意思。同時，孩子的口腔機能和發音系統已初步成熟。孩子能從談論眼前事物至談論過去或將來的事。在這階段，父母可多示範正確的發音並溫和地糾正孩子的發音錯誤、適當地提問「為什麼」和「如何」的問題、與孩子討論和分享生活點滴、留意孩子在聲線和說話流暢度的表現，並讓孩子沉浸在書海中及與孩子進行語文基礎活動，為孩子從口語運用發展至書面語言運用而努力。

 4.1 怎樣使孩子明白並聽從指示？

　　兒子將近五歲時，老師告訴我他有時在聆聽指示方面出現困難，希望我在家能多觀察他。聽罷老師的話，我突然有種角色逆轉的感覺：一向都是我指出別人孩子的問題，對於自己的孩子被認為有問題，倒是第一次。不過，我沒有生氣，我反而覺得，老師很關心我的兒子。

　　因着孩子的狀況，我反覆地觀察和分析，發現影響兒子的，不是理解能力方面的問題，而是其他的因素，在此與大家分享：

1.　孩子的專注力發展

　　孩子在三歲左右，只有「單頻道」的專注力，即是當孩子聽成人的指示時，他必須先放下手上的工作，才能接收到成人的指示，甚至需要成人的協助才能轉換頻道。孩子在四歲時，仍只是「單頻道」的專注力，不過此時能較自主地放下手上的工作，聽取別人的指示。孩子在大約五歲時，才有「雙頻道」的專注力，即是孩子能一邊聽從指示，一邊完成手上的工作。所以，有時孩子未能同時聽成人的指示和完成任務，可能是由於他的專注力仍未發展成熟。

2. 孩子的意向

孩子往往比較隨心，成人想他們做的事未必跟他們的意向一致，所以他們未必願意跟從成人的指示。

3. 孩子是否明白指示的內容

大約在三歲時，孩子能明白包含形容詞或大約三項資料的指示，如：「擺筆喺盒出面」。大約在四歲開始，孩子會明白兩個步驟的指示，如：「首先攞枝筆出來，然後收埋本書」。大約在五歲時，孩子會明白幾個步驟的指示。當孩子的年齡未成熟時，他們在處理較複雜的指令上會顯得困難。另外，成人說指示的速度，背景的雜聲和有否強調較重要字眼等方面，都會影響孩子對指示的理解。

4. 孩子的情緒

父母要心平氣和地跟孩子說話，孩子才聽得到。當孩子害怕或緊張時，大腦接收信息的區域會被情緒控制，那就聽不到指示了。

我自己的做法是，先呼喚兒子的名字，待取得他的專注後才說出指示。此外，我會盡量在寧靜的環境下說出指示，說指示時也會配合清楚的發音和合適的速度。我還會清楚地說出對孩子的要求和原因，讓孩子明白和配合。例如：「你要自己穿上鞋子，不然的話，我們就不能到公園玩了。」我發現，當我

注意了以上幾點後，兒子在大部分時間都能跟從我的指示。之後，我再循序漸進地運用較複雜的指示，培養他聆聽指示的能力。最後，我明白到每個孩子都是一個獨立的個體，不能強求孩子百分百聽從成人的指令。

我與老師討論了兒子的情況，老師表示明白，也嘗試改變環境和説指示的方式。與此同時，我在家中加強提醒和培養兒子要回應別人的習慣。現在，兒子多了説：「媽媽，我知道了。」或「我不想做。」兒子的表達讓我更明白他，孩子和我都沒有覺得很為難了。

4.2 怎樣讓孩子愛上分享生活經歷？

　　有一次看電視節目《鏗鏘集》，當中講述了一位媽媽透過「追韓劇」，與女兒製造話題，修補了十幾年來母女疏離的關係。在節目中，女兒道出了心聲，憶述小時候沒有很多機會與媽媽傾談，因此長大後也不習慣母女之間的交談。我對這集的內容印象深刻，並深深體會到父母與孩子之間要習慣傾談，否則孩子越長大就越難收復失地。那麼，在這階段父母可以怎樣讓孩子愛上分享生活經歷呢？

　　首先，父母要愛自己的生活，對生活事物要有熱情，也要多在平凡的事物中發掘有趣的地方。我曾跟一位朋友的四歲女兒到渡假營玩，那孩子到了營地便說：「唓！呢度有咩好玩呀？」在過程中，她很少與父母說話。這讓我感到很愕然。這個年紀的孩子不是該對很多的小事也好奇嗎？為何她會說出這樣的話？經過觀察，我估計是孩子身邊的人常說類似的話，孩子才會有這樣的表現。對生活不感興趣的人，不論是大人還是小孩，是不會有話題的。父母可多指出生活上有趣味的事，孩子也會對生活充滿熱情。我很喜歡指出街上的事物，跟兒子和女兒分享，小事如看見地上的一塊樹葉，一輛駛過的水泥車，

也能讓我跟孩子談上很多。記得有一次,我們看見別人晾曬的一隻小熊掉在樹椏上,不上不下,這件有趣的小事足以讓我跟孩子談了好幾個月。每次經過那兒,我們都會分享如何拯救小熊,更幻想颱風來時,會不會把小熊吹下來,讓我們可以拾到它。我和先生放假時,也會盡量與孩子到不同的地方走走,以豐富孩子的生活經驗。

◎ 我和孩子一起扮「雀仔叫」,孩子喜歡與我這個「傻媽媽」分享生活經歷。

　　第二，父母可以利用孩子喜歡的方式，讓孩子捕捉生活片段。我很喜歡攝影，每到假日一定會隨身帶備相機，拍下生活上的點滴。兒子在我耳濡目染下，也會拿起相機東拍西拍，然後與我一起看照片，分享他認為有趣的事物。有時看到有趣的照片，彼此也會大笑起來。我發現，透過攝影不單加強了孩子的觀察力，也讓孩子有更多的題材與我溝通。

　　第三，父母協助孩子學習分享生活經歷的技巧。大約在孩子五歲時，他們就可以完整地分享生活事件的時間、人物、地點、事件起因、經過、結果和感受。對於較年幼的孩子，父母可以與孩子在紙上畫出「圖畫日記」，即是以圖畫記下一件事，並引導孩子按圖畫的內容進行分享，或一起看有關的相片並傾談事件的內容。對於年長一點的孩子，父母可以把「時間」、「人物」、「地點」、「事件起因」、「經過」、「結果」和「感受」分別寫在多張小紙條上。當孩子分享事件時，父母請孩子在說出某項資料後，把該小紙條交給父母，以提示孩子如何分享完整的事件。

　　與孩子分享生活點滴，對父母和孩子來說，都是一件快樂的事。我覺得，這些快樂的生活片段，不單是語言表達的材料，也是將來父母與子女共同回憶的憑證。

4.3 培養孩子恰當地表達情緒

　　還記得兒子沒到兩歲時，我問先生：「我們的孩子一天有哭十次嗎？」先生說：「豈止十次，可能有二十次。」我自我安慰說：「孩子每天都哭，代表孩子有自己的想法，是值得高興的事。不過，這要辛苦我們的鄰居，每天都要忍受孩子的哭聲。」可幸的是，現在兒子五歲了，已甚少以哭鬧表達需要。

從言語治療師的角度來看，孩子要恰當地表達情緒，最重要的是孩子能運用合適的詞彙和詞句，來表達自己的想法或情緒。

孩子自三歲左右便可運用基礎的情緒詞彙，如「開心」和「不開心」，並在成長的過程中陸續掌握不同的感受詞彙。父母可以多讓孩子認識不同的情緒詞彙，方法是在不同的情景下代孩子說出情緒。例如：「我看到你很緊張。」、「今天可以放假，你的心情很輕鬆啊！」這樣，父母為孩子的感受賦予詞彙，讓孩子從個人經驗中知道不同情緒詞彙的意思。

父母也要多運用精確的詞彙表達情緒，避免只慣用「開心」、「不開心」。例如：「今天爸爸要加班工作，不能接你放學，我也感到失望。」、「媽媽看到你有進步，覺得很安慰。」、「我覺得很可怕，令我每一個毛管都豎起來。」從父母的話語中，孩子不但能認識不同的情緒詞彙和語句，也因為父母能以身作則地表達情緒，孩子也會像父母一樣習慣地表達自己的情緒。

父母更可利用不同的天氣圖案讓孩子認識不同的情緒，例如：把「開心」比喻為「晴天」、「悶悶不樂」比喻為「陰天」、「生氣」比喻為「雷暴天氣」，讓孩子更具體地認識不同的情緒詞彙。有時，我會跟兒子看看今天的天色，問問他「今天的天氣跟什麼心情相似？」，兒子不但願意回答我，還很快地便

明白我介紹的情緒詞彙。

　　當孩子的語言能力逐漸成熟，表達情緒的詞彙和語句逐漸增多，加上自己的情緒被父母接納，孩子便會慢慢地學懂用較好的方法表達和面對情緒，來代替哭鬧。不過，孩子的這些改變，並不代表孩子的負面情緒少了，而是孩子能較成熟地面對生活上的困難，也能與外界有更好的溝通。父母需要注意的是，我們不是要壓抑或減少孩子的負面情緒，而是要協助孩子面對和表達情緒。

4.4 我的孩子是「痴脷筋」嗎？

在我接觸的個案中，絕大部分孩子的發音問題都不是因為「痴脷筋」，而導致發音不準確。**發音問題的原因可能是孩子的辨音能力較弱、口腔機能較弱，或者是單純地未能掌握正確發音的方法，也有可能與聽力障礙或智能發展遲緩有關。**學習發音就好像學習游泳，大部分人看完教練的示範和講解就可以習得基本的泳術，可是有些人則要教練一對一的教導，甚至進一步捉着手腳來教導。這些人需要較貼身的教導，不是他的手或腳長得有問題，而是他不能掌握游泳的技巧。

那麼「痴脷筋」是什麼？「脷筋」其實是指舌繫帶，即連結着舌頭底部與下顎的肌肉。「痴脷筋」的學名是「舌繫帶縮短症」(Tongue Tie)，患有「痴脷筋」的孩子的舌頭伸出來呈心形，舌尖不能伸至最後的大門牙或嘴唇外。「痴脷筋」也可能會影響孩子的進食能力，如：孩子會較難吸啜母乳，或令母親的乳頭較易受傷，因而影響孩子能吃到的母乳量，他們也難以用舌頭清理牙縫之間的食物。如孩子真的有「舌繫帶縮短症」，進行「舌繫帶切除術」或許會對孩子的發音問題有所幫助，否則孩子只是平白地捱上一刀。

至於發音障礙大致可分為發音遲緩與發音異常。

1. 發音遲緩

發音遲緩指孩子的發音能力與年紀較小的孩子相若，然而孩子的發音錯誤是較為普遍的。

2. 發音異常

發音異常指孩子的發音錯誤不是一般孩子有的，例如：大部分孩子會把「雞」說成「低」，這是孩子普遍會犯的錯誤。相反，如果孩子把「低」說成「雞」，就不是普遍的錯誤了。

一般而言，發音異常的自我復原能力較低。

　　大部分孩子在四歲半左右，已習得廣東話的所有語音。即使孩子仍有發音錯誤，也只需父母加以提醒，就可以準確地發音。假如孩子在四歲半後仍有固定的發音錯誤，又不能在父母的提示和示範下準確地發音，或是父母發現孩子到了某個年齡仍未掌握該階段的發音，就可能需要諮詢言語治療師的意見了。有時父母會混淆發音障礙與懶音問題。懶音問題對溝通的影響比發音障礙相對較低，也較易通過一般的模仿和學習去改善。

◎ 女兒未夠兩歲時，把「棉花糖」說成「棉巴擋」，這是很正常的。相反，如果當時四歲多的兒子是這樣，我就會溫和地糾正他。

　　倘若父母發現孩子的發音能力欠佳，可先給予清晰的示範，並從單字開始，鼓勵孩子跟從正確的發音。父母也可以説出兩個發音近似的字，如「狗」和「豆」，並展示相關圖片，讓孩子在聆聽發音後指出圖片，加強辨音能力。父母也可參考由言語治療師編著的《香港粵語發音訓練教材套》，按部就班地與孩子練習正確的發音。父母需對孩子的發音問題有了解，才能對症下藥。

實用資料

附錄二：幼兒語音發展里程——廣東話語音發展簡表

《香港粵語發音訓練教材套》
作者：杜潔森、黃依文
出版：新雅文化事業有限公司
ISBN：978-962-08-4695-3

4.5　我的孩子有口吃嗎？

　　大半年前，我的一位律師朋友説她四歲半的兒子有口吃。她會要求孩子想清楚才説話，也要孩子每天唸唐詩練習説話，但孩子的情況似乎還嚴重了，他們不知可以怎麼辦。

　　部分孩子會在十八個月至五歲期間經歷「正常的不流暢情況」，這是語言學習的過程。有時，不流暢情況會消失後再回來，這可能代表孩子正經歷另一階段的學習。然而，部分孩子的不流暢問題會發展成口吃，那我們怎樣分辨孩子的不流暢情況是正常還是口吃？

1.　觀察孩子不流暢的次數和表現

　　一般孩子只會重複字眼一至兩次，如：「我……我想食漢堡包」，並且表現輕鬆自然。然而，有口吃問題的孩子可能重複字眼達四至五次以上，如：「我……我……我……我……我想食漢堡包」，且在重複時面部肌肉會顯得繃緊，甚至表現尷尬或掙扎，還可能伴隨一些小動作，如皺眉、踢腿等，以期把話語「擠出來」。

2.　孩子的不流暢方式

　　一般的不流暢情況大多是在説話的起首位置重複字眼，就

像「我⋯⋯我想食漢堡包」或是加入字眼填補思考説話的時間，像是「咁樣⋯⋯咁樣⋯⋯我想食漢堡包」。然而，有口吃問題的孩子可能會在句子中間重複，説話時或有聲音延長，如：「我想 S⋯⋯食漢堡包」，有時也會張開了口但不能説話，話語好像被塞在喉嚨中。如果孩子的不流暢佔整段説話的 10% 或以上，他的口吃情況可説是相對較嚴重的。

以下是給父母的建議處理方法：

1. 父母保持輕鬆和接納的態度，並給予孩子足夠的時間和機會説話

父母可以説：「你慢慢地告訴我，我會等你。」這減輕了孩子在不流暢時的壓力，令孩子坦然面對不流暢。父母不要在孩子快要出現不流暢時，立即叫孩子想清楚才説，這可能會增加孩子的壓力。父母需要聚焦在孩子的語言內容上，而不是在孩子的不流暢上。父母也不要批評孩子的説話內容，或過分地糾正當中的文法或發音錯誤。整個家庭也要合作，在孩子説話後保持最少兩至三秒不要説話，也別搶在孩子前説話，讓孩子有空間暢所欲言。

2. 父母減慢説話速度

這會對孩子有一個良好的示範作用，也能營造輕鬆的溝通氣氛，遠比叫孩子慢慢説有效得多。

3. 尋求言語治療師的協助

如果孩子持續地出現說話不流暢的情況，便可能需要尋求言語治療師的協助，從肌肉力度、說話節奏等方面作出訓練。

幾個月後，朋友告訴我她的兒子的情況改善了不少。原來，他們學懂了接受孩子說話中不流暢的地方，減少糾正孩子，並常告訴孩子「他們會等他說話」。她笑說她之前待孩子的方式，可能是受自己的職業影響，過分地要求孩子說話要準確。所以，孩子真不愧是一面鏡子，讓父母更了解自己處事的方式。

◎ 父母給予孩子足夠的時間和機會說話，可以幫助孩子過渡說話不流暢的情況。

4.6 為何孩子的聲音變得沙啞？

　　我認識幾個孩子，剛好六歲，升上小一後，本來清脆動人的聲線就變得粗糙沙啞起來。我想，難道小一是一個魔咒，會變走孩子動聽的聲線？

　　孩子的聲線變得沙啞起來，是受小學的生活節奏和環境所影響。有些孩子為了在小息時爭取更多時間與同學玩耍，非但不上洗手間，甚至是不吃不喝。也有些孩子因為怕上課時有如廁需要，就不敢多喝水。**吸收足夠的水分是保護聲線的一個關鍵，水分能保護聲帶，也能修復受損的肌肉組織。**不過，即使孩子願意喝水，很多孩子都不懂得喝水的技巧。水分在身體停留大約二十分鐘便會排出體外，一次喝一大瓶水的話，身體是不能吸收足夠的水分。所以，我們要持續地喝水，才能滋潤聲帶。其次是孩子的生活節奏緊張，缺乏運動。

　　另外，孩子在小息時與同學玩耍或高談闊論，又因為小息的環境許多時候都是嘈吵的，孩子不期然提高了自己的聲量。假如孩子沒有用正確的方法加大聲量或投射聲音，就會損害聲線。孩子也比較隨心，有時會用大哭大叫等方式，來宣洩不滿和不快。在負面情緒下，控制聲線的肌肉容易繃緊，若在此時

還要加大聲量，就會對聲線造成更大的傷害。

　　其實，聲線問題不一定發生在小學生身上，任何年齡的人也可能有聲線的問題。父母如想協助孩子保護聲線，可注意以下幾點：

喂！陳小明！

1.　讓孩子吸收更多的水分

　　我在這方面可說是專家，因我的孩子都不喜歡喝水。我會多挑幾個孩子喜歡的水樽，供孩子選擇使用。另外，我會與孩子訂立明確的目標，例如：放學後水樽只能剩下多少水。我也

會訂立「喝水獎勵計劃」，鼓勵孩子喝水；也會與孩子訂立喝水時間表，明確地與孩子協議何時需要喝水和喝多少水等。有時，我會以清湯代替清水。不過，我不會以汽水或高糖分飲品代替水。因為，汽水含咖啡因，會讓身體排出水分，間接令孩子缺水。過甜的飲品也會刺激孩子的身體分泌痰涎，導致咳嗽，經常性咳嗽也會損害聲帶。

◎ 孩子玩得高興時難免會大叫大笑，適當地補充水分能保護聲線。

2. 讓孩子多做運動

運動能加強心肺功能，也能加強各肌肉之間的協調和活動能力，或放鬆緊張的肌肉。有良好的心肺功能和肌肉運作才能讓孩子有動聽的聲線。

3. 教導孩子在嘈雜環境下如何讓別人聽清楚自己說的話

父母可指導孩子一些在嘈雜環境下也可清楚地與人交談的方法，例如：走到同學面前才說話，以避免遠距離大聲說話；用動作輔助說話，讓別人明白自己要表達的信息。

4. 適時尋求言語治療師的協助

如孩子在大叫後聲音持續沙啞，便要尋求言語治療師的協助，學習正確的用聲方法。

聲線會影響別人對自己的印象，我希望每個孩子都可以有一把動聽的聲線。

4.7 讓孩子解釋事物的因果關係，以增強觀察力和分析力

孩子對事物的觀察力和理解力可説是一種天性。還記得我兒子小時候最喜歡風扇，無論是瑟縮在街角暗處的風扇，或是隱藏在門後或天花角落的風扇，他都能立即指出來。只要是孩子感興趣的事，孩子自然能看得到。那麼，從觀察事物到解釋事物的因果關係，孩子需要的是什麼？

孩子對因果關係的理解，是從經驗中累積出來的，早在孩子出生後便展現出來。例如：孩子知道他哭泣時，便會得到父母的關心；孩子知道按動了按鈕後，玩具便會動或發光；孩子發現玩具掉在地上，便會發出聲音。在這階段，父母給予孩子機會和時間，便是對孩子最大的幫忙。

在孩子學習單詞至短句階段，父母為眼前的事物作旁白時，除了可以介紹不同的物件名稱或特點外，更可為眼前的事物或現象多加解釋。例如：「落雨地下會濕」、「吃完飯飽飽」、「有玩具玩好開心」這些短句。孩子大約在三歲半時，就能説出「因為落雨地下濕」，至四歲就能完整地運用「因為落雨，所以地下濕。」的句式了。

父母在提問孩子「為什麼」時，也可選擇眼前較具體的變

化或現象，讓孩子加以表達。例如：爸爸替孩子洗手時，爸爸可以問孩子：「為什麼手手是濕的？」然後引導孩子看看開動的水龍頭，指出原因。當孩子能說出眼前的原因和結果時，就表示孩子已掌握了表達基本的因果關係。

當孩子到了四歲，並能分析眼前的事物與原因時，父母可以提升問題的難度，問及一些可能的原因或非此時此刻的現象。例如：父母可以問：「為什麼昨天我們要坐巴士？」父母也可以多跟孩子猜猜事物的可能性，例如：「為什麼椅子上會有本書？」、「為什麼公園的花是濕的？」，然後與孩子一起找出事件發生的原因。

當孩子能說出事件的原因時，倘若孩子對事件感興趣，父母可與孩子討論事件發生的其他可能性。**孩子對因果關係的了解，是孩子建立邏輯分析能力的基礎。當孩子能表達出因果關係，你會發現孩子會開始說出事件的可能性，即多了說「如果」。**

孩子對事物的想像是非常豐富的，所以我會盡可能跟孩子多找出答案，這比直接告訴孩子答案更好，讓孩子表達和理解更多。

 4.8　為什麼讓孩子說故事這麼重要？

　　我的兩個孩子都是故事迷，每晚都會嚷着要我講故事給他們聽。女兒剛好兩歲，仍未懂得說故事，但只要翻開故事書，她就會雀躍地說出故事中的零碎片段，也會模仿我在說故事時的語氣和表情。兒子剛好五歲，不但能理解故事的內容，甚至會說出故事。我發現，要讓孩子喜歡說故事，最重要的是讓孩子先愛上聽故事。為什麼說故事對孩子來說這麼重要？因為：

1.　故事是孩子從運用口語過渡至運用書面語的橋樑

　　孩子說故事的能力會影響日後運用書面語的能力。在說故事時，孩子要有想像力和創意，靈活地結合多種高階的語言能力，包括：組織能力、解釋能力、推斷能力和描述能力等，並需要有良好的語言文法作為基礎，更需要有豐富的題材，才能生動、有趣地說故事。這些能力，都是寫作的必要能力。所以，說故事可說是寫作的最基本練習。

2.　孩子能學習敍述事件

3.　孩子能學習分享自己的想法，抒發自己的感受

　　一般孩子在兩歲左右，已能運用詞語和簡單句子指出故事中的部分情節。到了三歲半左右，孩子已能簡單地敍述事件的

先後次序。到了五歲左右，孩子就能重述簡單內容的完整故事，並且具有因果關係和邏輯性。故事書或故事圖卡也適合孩子練習說故事。我們可以運用以下的難度階梯培養孩子說故事：

- **難度一**：孩子按故事書內容重述熟悉故事的部分情節，如故事的高潮或結局。

- **難度二**：孩子翻開故事書，重述熟悉的故事。

- **難度三**：孩子翻開故事書，重述一個新接觸的故事。

- **難度四**：父母與孩子一邊看故事書，一邊共同創作一個故事。

- **難度五**：孩子自行翻開故事書，並創作一個新故事。

- **難度六**：孩子看一張圖片，並創作一個故事。

- **難度七**：孩子按一個題目，創作一個故事。

◎ 讓孩子重述一個熟悉的故事，是培養孩子說故事的其中一個方法。

在培養孩子說故事的過程中，父母可以：

- 用開放式問題引導孩子思考，如：「這小男孩不見了媽媽，他會覺得怎樣？」、「為什麼小男孩不見了媽媽？」如孩子在故事創作中出現了矛盾的地方，父母可先了解孩子的想法，切勿批評或否定孩子的說話內容。

- 鼓勵孩子以日常生活題材說故事，如有關「去公園的故事」、「放假的故事」，年幼的孩子對生活化的內容大多會較易掌握。

- 父母投入聆聽孩子的故事，有需要時可用幽默感為孩子的故事加入注腳或擴充孩子的故事。

- 孩子說故事時，父母可即時作演繹，並運用誇張的表情動作表演出來。

說故事不一定需要一個特定的時段和很多的準備。我喜歡在睡前跟孩子分享我小時候的事，孩子特別喜歡聽我的童年往事，也會跟我分享他們的故事呢！

4.9 怎樣將平板電腦和手機變成教育工具而非危險品呢？

還記得有一位實習學生，在電話中戰戰兢兢地問我是否容許她用平板電腦訓練孩子說話。我當時回應她：「任何東西只要是對孩子好的，我都會接納。」她的問題也正好說出現今父母的疑問。

「水能載舟，亦能覆舟」是我對平板電腦和手機最真切的感受。這是資訊發達的年代，孩子用科技學習是大勢所趨。小小年紀的孩子已學用滑鼠，甚至是編寫程式來操控機械人，而小學課程也加入了 STEM (Science Technology Engineering Mathematics) 教育。平板電腦與手機用得其所，的確是培養孩子說話的好工具。在我訓練孩子說話時，也會運用網上的短片，來製作教材。有了動畫輔助，孩子有時能更投入，而且動畫能較易展示事件中的前因後果。我自己也容許兒女在適當的時候上網看短片。不過，在運用電子產品時，我堅守以下的原則：

1. 隨着孩子的年紀，逐步放寬孩子使用電子產品

父母過分地禁止孩子接觸電子產品，可能使孩子更加好奇。一旦接觸後，他們可能會更沉迷。然而，過於寬鬆的話，也會影響孩子的視力和腦部發展。我會參考美國兒科學會的指

引，不讓一歲半以下的孩子接觸手機和平板電腦。一歲半至兩歲的孩子也只能作非常有限制地使用，例如：運用通訊軟件與遠方的親友聊天。對於兩歲至五歲的孩子，一天最多使用一小時。六歲的孩子也應由家長制定規則，有節制地使用這些電子產品。我的兩個孩子，在兩歲前幾乎沒有用過電子產品，連接觸的機會也很少。我也會盡量避免在孩子面前使用手機和平板電腦，甚至連電視也盡量少看。在孩子發脾氣或無聊時，我也堅持不用「電子保姆」，寧可忍受孩子的哭鬧或多花時間陪伴孩子。

2. 培養孩子對其他事物的興趣

如先建立孩子對其他事物的喜愛和熱情，那孩子就不會過分地沉迷電子產品了。例如：我會多帶孩子到街上走走或安排多些戶外活動，使孩子的生活更豐富，對生活上的事物都充滿熱情。即使在家中，我和先生也會花時間陪伴孩子，跟孩子進行不同的活動。在孩子心中，如對很多事物都感到「好玩」，自然就不需要從電子產品中找尋樂趣。事實上，我兩個孩子寧可玩玩具和看圖書，也不願意看短片。

不過，我也會使用電子產品，來訓練孩子說話的。以下是我使用的其中一些方法：

- 播放五至十分鐘的短片，再提問孩子有關短片的問題，讓孩子學習留意片中內容並學習對答。

- 在播放短片時，我會在某些情節停下來，讓孩子分析人物的感受和背後的原因，學習運用情緒詞彙和與感受有關的情景。

- 讓孩子在看短片後，請孩子以自己的話語敘述事件，加強孩子的敘事能力和說話的精確度。

還好，我的家人也願意配合限制孩子使用電子產品，這才讓我在教養孩子上事半功倍。

4.10 怎樣為孩子升讀小學做準備？

　　我常常到小學工作，回家後也會與先生分享學校對學生的要求。先生問我：「兒子還有一年多就要升小學了，我們該如何為他做準備？」我深信孩子有良好的語言和語文能力，在小學的學習和適應上就會更容易。

　　「聽說讀寫」的次序，其實是具有深意的。孩子能從聆聽中學習詞彙和語言文法，豐富自己的說話內容，也加強了對世事的認識。孩子對世上事物有了解，也具備基本的語言理解和表達能力，一旦能認讀文字，自然能在閱讀中明白文意，也能吸收知識豐富自己的說話內容和寫作。孩子透過文字加強了對世界的了解，自然也更能明白別人所說的話了。語言系統和語文系統會相互影響。如果孩子的說話乏味，對生活失去熱情，又如何能有題材用於寫作之中呢？

　　在這階段的語言學習，有幾項重要的技巧都影響着孩子學習語文，分別是敘事能力、分析和組織詞語的能力，及篇章理解的能力。我在篇章 4.9 中詳述了如何讓孩子愛上說故事並加強敘事技巧，因此不在此處多作闡述了。至於在加強孩子分析和組織詞語的能力上，其中一個活動是讓孩子多說「相反詞」

和「同義詞」，讓孩子從中學習整理詞彙、分析和對比詞彙，並了解詞彙之間的關係，從而加強孩子儲存詞彙的能力。我會以對答形式問兒子相反詞，例如：「如果被人讚賞會覺得開心，那麼被人罵又會覺得怎樣？」我也會請孩子解釋詞語，例如：「什麼是悶？」讓孩子學習以文字解釋概念，這是孩子運用精確語言的基礎。最後，就是篇章理解能力，這是指孩子聆聽一段話語，再在說話中運用前文後理作理解。我會以故事問答比賽，讓孩子學習聆聽篇章。假如孩子能熟習此技巧，在閱讀文章時就更容易了，在此，**我不得不再一次強調：聽故事和說故事，簡直是世上最無懈可擊的訓練組合，也幾乎是每位言語治療師會做的事。**我也建議父母參閱由兒童文學作家及資深語言導師宋詒瑞女士撰寫的《陪孫女學中文》，書中提出的很多方法也是言語治療師用以訓練孩子語言，作為語文根基的方法。

◎ 「敏捷是什麼意思？」孩子親眼看到了身手敏捷的貓，便對這詞語有更準確的認識。

　　我也關注孩子認讀字詞的能力，不過我與兒女的相處時間有限，所以我沒有花太多時間在認字上。可是，我發現因為兒子喜歡看圖書，認字可說是一個自然而然的過程。還有，兒子非常喜歡坐港鐵，單是看路線圖和地圖也讓他自然地認出不少字呢！當然，父母也可以運用識字卡作遊戲，與孩子一起認字。總之，就是透過孩子感興趣的活動與孩子一起認字。

　　若孩子的語言根基好，語文學習也會相得益彰。即使廣東話與書面語有差異，在我的經驗中，只要孩子的語言基礎穩固，要靈活地運用語言和語文，並不是一件難事。

實用資料

《陪孫女學中文》

作者：宋詒瑞
出版：新雅文化事業有限公司
ISBN：978-962-08-6365-3

附錄一：幼兒口腔機能發展里程及教養重點

　　口腔機能與孩子的語言和發音發展有着密切的關係。孩子透過嘗試不同的食物和活動，發展口腔機能，並接收感官信息，建立對物件和相關詞語（如：味道、質感）的理解。良好的口腔機能，能為孩子運用複雜多變的語言打好基礎。

月齡	能力 / 表現	教養重點
36 至 40 周胎齡	• 吸啜及吞嚥協調功能逐漸發展成熟	• 家人共同學習餵哺母乳的知識，並認識孩子口腔機能發展的里程
初生至 3 個月	• 以母乳或配方奶粉為食物 • 當輕掃嬰兒的面頰，嬰兒會把頭轉向乳頭方向 • 把手伸向口部 • 開始以不同的哭聲表達需要	• 盡可能親餵母乳
3 至 6 個月	• 以母乳或配方奶粉為食物 • 在協助下能以雙手捧着奶瓶 • 在 6 個月時，開始嘗試固體食物 • 開始以嬰兒匙子進食固體食物 • 發聲逐漸增加 • 在 5 至 6 個月開始，能坐在高餐椅上	• 盡可能親餵母乳 • 在 6 個月時引進固體食物 • 讓孩子坐在高餐椅上進食 • 與孩子面對面，做出不同的面部動作或發音

月齡	能力 / 表現	教養重點
6 至 9 個月	• 能進食糊狀食物，並以其取代其中一至兩餐奶 • 能獨立捧着奶瓶 • 在 8 至 9 個月時，能在成人扶着杯子下，用杯進飲數口 • 因出牙多了流口水	• 持續親餵母乳直至孩子自然離乳（兩歲或以後） • 如需瓶餵，讓孩子捧着奶瓶 • 讓孩子嘗試不同的糊狀食物，如水果蓉、蔬菜蓉、米糊 • 間中扶着開口杯讓孩子進飲 • 保持圍嘴兒的衞生
9 至 12 個月	• 在吞食物及飲品時，能合上雙唇 • 用雙手抓起小塊食物放進口裏進食 • 能進食小塊易溶的食物 • 開始能以吸管進飲 • 能進食壓碎的食物	• 讓孩子試咬牙膠 • 保持孩子周遭物件的衞生。在安全的情況下，不要過分制止孩子把物件放進口中 • 讓孩子拿起並嘗試吃「BB 餅」 • 學習用吸管杯進飲清水 • 試玩「卡祖笛(Kazoo)」樂器，學習發音
12 至 18 個月	• 能自行拿杯並進飲數口 • 能吹簡單哨子 / 笛 / 小喇叭 • 能進食剁碎食物 • 能咬斷脆的食物，如曲奇餅及餅乾 • 維持每天 1 至 2 餐奶，其他餐均進食固體食物	• 嘗試吃碎飯和碎餸菜 • 玩不同的哨子 / 笛子 / 小喇叭 • 嘗試吃手指餅或動物餅 • 以吸管杯代替奶瓶喝奶

月齡	能力 / 表現	教養重點
18 至 24 個月	• 能在協助下自行以匙子進食 • 能進食不同溫度的食物	• 學習以匙子自行進食 • 嘗試不同溫度的食物（注意避免食物過熱，灼傷孩子）
24 至 36 個月	• 以開口杯進飲 • 以匙子自行進食	• 用開口杯進飲（雙耳杯會較容易） • 讓孩子自行進食整個飯餐
36 至 60 個月	• 能在成人監察下進食不同質感的食物，如花生、果仁、乾果 • 能在成人監察下以叉子取食物 • 能運用多種餐具進食 • 口腔機能發展逐漸成熟	• 於 3 歲時，嘗試以叉子進食 • 於 4 歲時，學習以筷子進食 • 持續地嘗試不同的食物，建立健康的飲食習慣 • 多嘗試不同味道、溫度和質感的食物 • 除球狀及較滑的食物（如：葡萄、車厘茄）外，盡量避免剪碎食物

備注：
1. 家長須留意孩子有否食物敏感。如有需要，請諮詢醫生意見，了解孩子可以進食的食物種類及相關的注意事項。
2. 在進食過程中或進行任何口肌活動時，家長需監察過程，確保安全和衛生。

附錄二：幼兒語音發展里程——
廣東話語音發展簡表

以下語音的掌握年齡根據多於 75% 的受測試者獲得的聲母為標準。

年齡	男童	女童
兩歲半	/p/ （如：波、爸） /t/ （如：打、多） /h/ （如：蝦、好） /w/ （如：碗、話） /m/ （如：媽、妹）	/p/ （如：波、爸） /h/ （如：蝦、好） /j/ （如：有、月） /w/ （如：碗、話） /m/ （如：媽、妹） /ŋ/ 或聲母省略（如：我、牛）
三歲	/f/ （如：花、褲） /j/ （如：有、月） /ŋ/ 或聲母省略（如：我、牛）	/pʰ/ （如：爬、婆） /t/ （如：打、多） /kʷ/ （如：瓜、果） /f/ （如：花、褲） /l/ （如：六、路）
	大致掌握廣東話中的元音和複元音	

年齡	男童	女童
三歲半	/pʰ/ （如：爬、婆） /tʰ/ （如：他、兔） /k/ （如：哥、高） /kʰ/ （如：茄、棋） /kw/ （如：瓜、果） /kwʰ/ （如：裙、葵） /ts/ （如：姐、早） /l/ （如：六、路）	/tʰ/ （如：他、兔） /k/ （如：哥、高） /kʰ/ （如：茄、棋） /kwʰ/ （如：裙、葵） /ts/ （如：姐、早）
四歲	/tsʰ/ （如：叉、菜）	/tsʰ/ （如：叉、菜）
四歲半	/s/ （如：手、書）	/s/ （如：手、書）

備注：

1. 孩子會隨着年齡的增長，逐漸地掌握廣東話中的語音，每個孩子的發展均有差異，倘若父母對孩子的語音發展有任何疑問，可諮詢言語治療師的意見。

2. 元音和複元音就是韻母。例如：「爸」這個字是由聲母 /p/ 及元音 /a/ 構成的；「貓」這個字是由聲母 /m/ 及複元音 /au/ 構成的。廣東話的韻母表及例子可參考香港中文大學人文電算研究中心的資料 (http://humanum.arts.cuhk.edu.hk/Lexis/lexi-mf/finalTable.php)。

參考資料：

香港特別行政區政府衛生署家庭健康服務 (2016 年 7 月 29)。《兒童的語音發展》。於 2017 年 5 月 19 日取自 http://www.fhs.gov.hk/tc_chi/health_professional/OMP_eNewsletter/enews_20160729.html。

教孩子説話從零歲起

作　　者：潘穎文
繪　　者：李亞娜
責任編輯：黃花窗
美術設計：陳雅琳
出　　版：新雅文化事業有限公司
　　　　　香港英皇道 499 號北角工業大廈 18 樓
　　　　　電話：(852) 2138 7998
　　　　　傳真：(852) 2597 4003
　　　　　網址：http://www.sunya.com.hk
　　　　　電郵：marketing@sunya.com.hk
發　　行：香港聯合書刊物流有限公司
　　　　　香港新界大埔汀麗路 36 號中華商務印刷大廈 3 字樓
　　　　　電話：(852) 2150 2100
　　　　　傳真：(852) 2407 3062
　　　　　電郵：info@suplogistics.com.hk
印　　刷：中華商務彩色印刷有限公司
　　　　　香港新界大埔汀麗路 36 號
版　　次：二〇一七年七月初版

照片來源：
封面照片由黃麗雅提供；內頁照片由潘穎文提供。